E. Reiser

Renate Zimmer / Ingrid Clausmeyer / Ludwig Voges
Tanz – Bewegung – Musik

praxisbuch kindergarten

Renate Zimmer
Ingrid Clausmeyer
Ludwig Voges

Tanz – Bewegung – Musik

Situationen ganzheitlicher Erziehung
im Kindergarten

Herder Freiburg · Basel · Wien

Zu diesem Buch kann eine Tonkassette geliefert werden, auf der alle Lieder und Tänze, die von L. Voges stammen, aufgenommen sind.

Im Text wird durch das Zeichen
auf die Kassette verwiesen.

Abbildung, Bestell-Nummer und Bezugsquellen-Hinweis siehe Seite 128.

2. Auflage

Einband- und Textfotos: Renate Zimmer

Herstellung: Freiburger Graphische Betriebe 1992
ISBN 3-451-22176-4

Inhalt

1 Einleitung: Vom Terminkalender einer Vierjährigen

Julia geht montags zum Ballett, dienstags zum Schwimmkurs, mittwochs zum Reiten, donnerstags zum Turnen und freitags zur Musikschule. Malen und Rollschuhfahren wären sicher auch noch ganz gut, aber leider hat die Woche nur 5 „Arbeitstage“!

Welche Gründe bewegen Eltern, die Nachmittage ihrer Kinder wie einen Erwachsenen-Termin-Kalender zu verplanen? Warum stoßen die Angebote von Musikschulen, Sportvereinen, Schwimmklubs, Ballett- und Tanzstudios bei Eltern und auch bei Kindern auf so großes Interesse, obwohl damit oft ein hoher Kosten-, Zeit- und Organisationsaufwand verbunden ist?

Fragt man die Kinder, so vermissen diese zwar manchmal freie Zeit zum Spielen, meistens finden sie jedoch Gefallen an den neuen Reizen und den damit verbundenen Lernmöglichkeiten, die sie auch von der Notwendigkeit einer Selbstbeschäftigung am Nachmittag befreien.

Eltern, die ihren Kindern solche Aktivitäten ermöglichen, handeln weder gedankenlos noch unverantwortlich, für ihre Kinder möchten sie einfach das Beste. Sie wollen ihnen möglichst viele Gelegenheiten geben, eigene Fähigkeiten und Talente zu entdecken und diese frühzeitig zu fördern. Oft ist dies auch eine Reaktion auf die aus der Sicht der Eltern zu geringe Berücksichtigung von Bewegungsangeboten und musisch-rhythmischen Inhalten im Kindergarten. „Außer Basteln und ein bißchen Singen wird dort ja nichts gemacht“, sagt eine Mutter und meint, daß sie daher selbst die Initiative ergreifen würde.

Die Gründe, die zu solchen Aussagen führen, sollen hier nicht weiter untersucht werden. Dieses Buch soll vielmehr Hilfe geben, die Inhalte, die den Kindern in „Spezialkursen“ vermittelt werden, mit einfachen Mitteln in ein pädagogisch gut durchdachtes Kindergartenkonzept zu integrieren. Auch *Tanzen, Bewegen, Musizieren und Singen* kann mit dem für Kinder so wichtigen *Spiel* verbunden und so zu einer Einheit werden.

Der Kindergarten hat für diese Tätigkeiten keinen ausgeklügelten Stundenplan und auch keine speziellen Fachkräfte; anstelle einer künstlichen Trennung sind die Angebote vielmehr *integriert in den Kindergartenalltag* und nehmen je nach Situation und Bedürfnis der Kinder mal einen größeren, mal einen geringeren Stellenwert ein. Integriert werden die Angebote auch durch die Person der Erzieherin, die zwar nicht auf jedem Gebiet spezialisiert sein kann, dafür aber die Kinder genau kennt, ihre jeweilige Stimmung einordnen kann und um die Gruppensituation weiß.

So sollte es sein – aber viele Erzieherinnen sind auch unsicher, ob sie denn in ihrer Ausbildung genügend Kompetenz auf den Gebieten Musik, Bewegungserziehung, Tanz und bildnerischem Gestalten erworben haben, um sie auch in die alltägliche Arbeit mit Kindern einzubeziehen.

In der Ausbildung wurden diese Inhalte als einzelne „Fächer" gelehrt, wo sollen Erzieherinnen Kenntnisse über integrierte Angebote gesammelt haben? So entsteht häufig die Frage, ob nicht Spezialisten die Kinder in ihren musisch-rhythmischen Fähigkeiten besser fördern können, als es ein „Allrounderzieher" jemals kann. Hier können Fortbildungsangebote eine Lücke schließen, und vielleicht sind auch in einem Kindergartenteam Kolleginnen, die spezielle Neigungen auf einem Gebiet haben und sich gegenseitig unterstützen können.

Dieses Buch möchte Erzieherinnen Mut machen, mit Kindern gemeinsam die vielfältigen *Ausdrucks- und Erlebnismöglichkeiten,* die sich durch Einbeziehung von Bewegung, Musik und Tanz ergeben, kennenzulernen bzw. zu vertiefen.

Ansatzpunkt ist dabei nicht ein Fachgebiet Musikerziehung oder Bewegungserziehung, deren Zielen sich der Kindergarten verpflichtet fühlen müßte, sondern vielmehr das *Kind* mit seinen Bedürfnissen, Interessen und elementaren Ausdrucksformen. Es setzt seinen *Körper* und seine *Sinne* zur Erfahrungsgewinnung ein und sollte somit auch immer in seinem ganzheitlichen Erleben angesprochen werden.

So kann sein sinnliches und praktisches Handeln gleichermaßen gefördert werden, es kann tun und erkennen, wahrnehmen und handeln und damit auf verschiedenen Ebenen lernen.

2

Mit allen Sinnen die Welt erfahren – Ansatzpunkte für ein didaktisches Konzept

Die Welt wird für Kinder immer undurchschaubarer und damit auch unverständlicher. Sie können Zusammenhänge nicht mehr unmittelbar selbst erleben und begreifen, sondern erfahren sie aus „zweiter Hand“, d. h., das Fernsehen vermittelt ihnen, daß die Milch von der Kuh kommt, und im Bilderbuch sehen sie, wie aus der Raupe ein Schmetterling wird. Türen öffnen sich, ohne daß man sie berührt, ein Knopfdruck genügt, um Kakao aus einem Apparat fließen zu lassen. Erfahrungen aus erster Hand können Kinder dagegen nur *im eigenen Handeln* machen; erst hier lernen sie, Zusammenhänge wirklich zu begreifen und den Dingen auf den Grund zu gehen. (Abb. 1, 2) Das eigene Tun, das Selbständigsein ermöglicht ihnen, ihre Umwelt zu verstehen, sich in ihr zurechtzufinden und auch die eigenen Möglichkeiten zu erkennen, auf diese Umwelt Einfluß zu nehmen. Der Kindergarten hat hier eine wichtige Aufgabe, dem Kind Sachverhalte und Ereignisse, die im alltäglichen Leben undurchschaubar geworden sind, nahezubringen und sie dabei so aufzubereiten, daß es sie verstehen und nachvollziehen kann. Kinder im Kindergartenalter nehmen ihre Umwelt, Objekte und Geschehnisse ganzheitlich wahr. *Mit allen Sinnen* wollen sie sie erfassen: Sie tasten, hantieren, ergreifen, schmecken, riechen, sie hüpfen und rennen und setzen im Spiel vor allem ihren *Körper* ein. Daher ist es wichtig, ihnen Gelegenheit zu geben, Ereignisse auf möglichst vielfältige Art zu erfahren.

> Aus jedem noch so kleinen Erfahrungselement setzen sich Kinder ein Bild der Wirklichkeit zusammen und rekonstruieren so die Welt für sich selbst. Im Spiel entwickeln und äußern sie Phantasie, Kreativität und Spontaneität, sie improvisieren und sind selbsttätig. *Das schöpferische und kreative Spielen ist ein Weg, sich die Wirklichkeit anzueignen und sich mit realen Alltagsereignissen auseinanderzusetzen.*

Abb. 1

Abb. 2

Sie lernen aber auch, zwischen Wirklichkeit und Phantasie zu unterscheiden. Im Spiel können sie Einfluß auf die Geschehnisse nehmen, Modellsituationen schaffen, in denen sie Erfahrungen verarbeiten und Lösungen ausprobieren können.

Solche von der *kindlichen Vorstellungswelt* ausgehende Modellsituationen sollen in diesem Buch dargestellt werden. Über die Sinneswahrnehmung und das unmittelbare Tätigsein werden für Kinder bedeutsame Anlässe und Themen erschlossen. Sie erweitern die kindliche Erfahrung um wesentliche Erkenntnisse und Einsichten, fördern die *Erlebnisfähigkeit* und vermitteln Kindern Fertigkeiten und Kenntnisse, die sie jedoch weniger übend und „lernend", sondern vielmehr *„spielend"* erwerben. Motor ist hierbei nicht nur der Erwachsene mit seinen Vorbereitungen und seiner Planung, sondern vor allem auch die *Neugierde* und die *Lernbereitschaft* von Kindern, ihre Entdekkungsfreude und ihr Interesse am „Selbermachen".

Wichtigste Voraussetzung für ein solches Vorgehen ist das Vertrauen der Erwachsenen in die Fähigkeiten der Kinder, in ihren Entdeckungs- und Tatendrang.

2.1. Situationen ganzheitlicher Erziehung

Im Kindergarten besteht die Möglichkeit, spontanen Bedürfnissen der Kinder entgegenzukommen und den Tagesablauf auf sie abzustimmen. Sich an den aktuellen Interessen und Bedürfnissen der Kinder zu orientieren heißt jedoch nicht, völlig plan- und ziellos in den Tag hinein zu leben und Erziehung dem Zufall zu überlassen.

Planung bedeutet hier, aufbauend auf dem Wissen um die aktuelle Situation in der Gruppe, den Kindern Angebote zu machen, die ihrer Vorstellungswelt entsprechen, und sie darüber hinaus in der Erweiterung ihrer Handlungsfähigkeit zu unterstützen. Voraussetzung für eine solche *situative Planung* ist die genaue Beobachtung der Gruppe, die Reflexion der alltäglichen Vorgänge, die Kenntnis individueller Probleme der Kinder (daß z. B. einige Kinder in der Gruppe nur schwer Anschluß an andere finden oder daß das Spiel im Freien oft dadurch beeinträchtigt wird, daß einige Kinder sich zu einer Bande zusammenschließen und andere in ihrem Spiel stören).

Die Erzieherin muß daher auch die Lebensbedingungen der Kinder kennen, über die häusliche und familiäre Lebenssituation Bescheid wissen, um es z. B. richtig einordnen zu können, warum ein Kind im Kindergarten ständig andere angreift, deren Spiel stört: Vielleicht will es durch aggressives, dominierendes Verhalten Anerkennung finden?

Vorgefertigte Programme lassen solche Ereignisse außer acht, eine situative Planung läßt Erzieherinnen dagegen genügend Raum, sich auch kurzfristig auf sie einzustellen, im Mitarbeiterteam Lösungsmöglichkeiten zu besprechen. Auch bei geplanten Spielangeboten muß die Erzieherin das *Prinzip situativen Lernens* nicht aufgeben. So sollten die Kinder z. B. die Freiheit haben, sich für oder gegen ein Angebot zu entscheiden. Entspricht es nicht ihren Vorstellungen, erscheint es ihnen nicht *„sinnvoll"*, werden sie auch unter Druck der angebotenen Sache kaum Bedeutung beimessen. Besser ist es, wenn die Erzieherin zu einem anderen – günstigeren Zeitpunkt – das Angebot wiederholt oder aber – sofern es das Thema erlaubt – mit einem Teil der Gruppe beginnt; vielleicht stoßen die anderen Kinder, wenn sie in ihrem freien Spiel einen Abschluß gefunden haben, hinzu. Bei der Auswahl von Situationen geht es also nicht ausschließlich darum, sich an den Interessen und Bedürfnissen der Kinder zu orientieren: die Verantwortung der Erzieherin, der Überblick, den sie hat, kann zur Schaffung von *„Situationsanlässen"* führen (vgl. KATER 1987).

Kinder lernen, beobachten und konzentrieren sich am besten, wenn ein Thema, ein Angebot sie unmittelbar angeht, wenn es eng mit ihrer augenblicklichen Vorstellungswelt zusammenhängt. So sollte die Erzieherin Situationen aus dem Erlebnisbereich von Kindern erkennen, sie sollte sehen, was für Kinder wichtig und bedeutsam ist. Diese Situationen kann sie aufgreifen und weiter ausgestalten.

Impulse können sich also aus der aktuellen Situation ergeben, von den Kindern selber kommen oder aber von der Erzieherin ins Spiel gebracht werden. Die Erzieherin hat hier also keine ausschließlich passive Rolle, sondern sie ist diejenige, die die Ereignisse des Kindergartenalltags auf ihre Bedeutung hin abschätzt. Auch ein Thema aus dem traditionellen Jahreskreis (Frühling, Sommer, Herbst, Winter) kann zum situativen Anlaß werden, wenn es einen aktuellen Bezug zur Gruppe hat (z. B. Blätterberge auf dem Kindergartengelände, die Anlaß für ein

Gespräch über die Färbung des Laubs, das Abfallen der Blätter sein können).

Im Herbst kann das Miterleben eines Sturms thematisiert werden, die Kraft des Windes im Spiel erlebt, das Fallen der Blätter beobachtet und in einem „Blättertanz" nachvollzogen werden. In diesem Zusammenhang kann es auch sinnvoll sein, einen Baum auf dem Kindergartengelände regelmäßig zu besuchen, Verantwortung zu übernehmen, indem die Kinder ihm z. B. regelmäßig Wasser geben, seine jahreszeitlichen Veränderungen zu beobachten, ein Bild davon zu malen.

Bei der Auswahl von Situationen kann unterschieden werden in Inhalte, die im *„subjektiven Interesse"* der Kinder liegen (wenn sie z. B. von sich aus zeigen, daß sie eine Sache interessant finden oder ein Problem haben), und in Inhalte, bei denen ein *„objektives Interesse"* vorliegt. Hier stellt die Erzieherin für die Kinder fest, daß eine bedeutsame Situation vorliegt (z. B. Ernährungsgewohnheiten usw.).

Das Aufgreifen von Situationen, die für Kinder bedeutsam sind, kennzeichnet den „situationsorientierten Ansatz", nach dem Kindern im Kindergarten vor allem die Fähigkeit vermittelt werden soll, in Situationen ihres gegenwärtigen und zukünftigen Lebens zunehmend selbstbestimmt und selbsttätig zu handeln (vgl. ARBEITSGRUPPE VORSCHULERZIEHUNG 1973, KATER 1987). Der Begriff „Situation" besitzt große Ähnlichkeit mit dem „Thema" und doch ist mit beiden Begriffen Unterschiedliches gemeint. Um sich zu verdeutlichen, was mit „bedeutsamen Situationen" gemeint ist, kann es hilfreich sein, einmal alle Ereignisse und Zustände aufzuschreiben, die im Laufe einer Woche in der Kindergruppe eingetroffen bzw. aufgefallen sind. Z. B. zieht ein Kind in eine andere Stadt und nimmt Abschied in der Kindergartengruppe; Malte bringt ein kleines Kätzchen mit; Sven und Christian stören fast täglich Kinder, die in der Bauecke spielen wollen und nehmen die Spielsachen dort für sich in Besitz; am Wochenende war Jahrmarkt im Dorf; es regnet seit 3 Tagen fast ununterbrochen. Aus einer solchen Aufzählung subjektiv bedeutsamer Situationen lassen sich bei einer anschließenden Analyse bestimmte Ordnungsgesichtspunkte herausbilden (Gruppen-interne, soziale Probleme, Gemeindeaktivitäten, jahreszeitliche Ereignisse wie Karneval, Herbststürme oder Sommerregen).

„Themen" im Kindergarten dagegen sind z. B. „Muttertag",

„Erntedankfest" usw. Solche Themen kehren alljährlich wieder und sind nicht immer auch für die Kinder bedeutsam.

Aus Themen können jedoch auch Situationen werden, wenn sie einen *aktuellen Bezug zum Leben und Spielen der Kinder* haben. Die Auswahl der Inhalte erfolgt reflektiert und bewußt und ist bereits Teil einer Planung. Die Planung wird nicht überflüssig, aber sie muß flexibel und offen bleiben. U. U. kann es eben auch sein, daß ein Vorhaben wieder aufgegeben wird, weil die Kinder daran kein Interesse finden, weil es ihnen einfach nicht „bedeutsam" erscheint.

- Die in diesem Konzept von Kindergartenerziehung beispielhaft aufgeführten Inhalte orientieren sich an einer Arbeitsweise, in der das freie Spiel im Vordergrund steht; die hier geäußerten Aktivitäten werden mit gezielten Angeboten verbunden und in ein methodisch aufgearbeitetes Vorgehen integriert.
- Die spontanen Tätigkeiten der Kinder werden aufgegriffen und weitergeführt.
- Vorbereitete Angebote tragen dazu bei, neue Impulse in das Kindergartenleben zu bringen. Sie sollen den Kindern Möglichkeiten zur Verarbeitung von Eindrücken vermitteln, sollen Chancen zur Natur- und Sachbegegnung geben und die Neugierde der Kinder, ihren Entdeckerdrang und ihre Lernlust befriedigen, indem sie Antworten auf ihre Fragen erhalten und Zusammenhänge begreifen lernen. Die hier gewonnenen Erfahrungen und Erlebnisse sollen Bezug zur sonstigen alltäglichen Umwelt haben, aber auch diese *Lebensumwelt erweitern* und so ihren *Handlungsspielraum vergrößern.* Es handelt sich also auch um den Lebensalltag ergänzende, bereichernde Erfahrungen.
- Ziel ist es, das Kind in der Entwicklung seiner Gesamtpersönlichkeit zu unterstützen und dabei seine *geistig-seelischen, gestaltenden* und *körperlich-motorischen Fähigkeiten* gleichermaßen anzusprechen und zu aktivieren.

2.2. Bewegung, Tanz und Musik als Medien kindlicher Ausdrucks- und Erlebnisfähigkeit

Ein elementares Mittel zur Auseinandersetzung des Kindes mit sich selbst und seiner Umwelt ist die Bewegung. Über Körper- und Bewegungserfahrungen baut das Kind sich ein Bild von seiner Person auf. Über Bewegung und Wahrnehmung bemächtigt es sich seiner Umwelt und wirkt auf sie ein. Der *Körper* stellt das *Bindeglied* zwischen *Kind* und *Umwelt,* zwischen seiner *Außen-* und *Innenwelt* dar. Bewegungserfahrungen nehmen daher einen zentralen Stellenwert innerhalb des kindlichen Entwicklungs- und Erziehungsprozesses ein. Durch Bewegung erlebt das Kind seine zunehmende Unabhängigkeit von erwachsenen Bezugspersonen, es erfährt sich als ein selbst etwas schaffendes, auf seine materiale und soziale Umwelt selbst einwirkendes und Veränderungen hervorrufendes Wesen. (Abb. 3)

Wenn sich der Kindergarten als eine Institution versteht, die sich die ganzheitliche Erziehung und Förderung von Kindern zur Aufgabe macht, dann dürfen *Körper- und Bewegungserfahrungen* nicht auf festgelegte Zeiten beschränkt sein, sie müssen zum integrierten Bestandteil des Kindergartenalltags werden. Impulse zur Bewegung sollten ausgelebt werden können. Man kann sie nicht aufsparen, bis das Freispiel draußen beginnt oder bis zu der erst am nächsten Tag stattfindenden Turnstunde.

> Bewegungserfahrungen sollten demnach Basis jeder Elementarerziehung sein, eine selbstverständliche Methode, die das Kind darin unterstützt, handlungsfähig zu werden, selbsttätig Erfahrungen zu sammeln und sich zunehmend selbstbestimmt der Umwelt zu bemächtigen.

Bewegung und Musik werden vom Kind als zusammengehörig erlebt. Bewegung kann durch Musik angeregt und verstärkt werden. Das „innere Bewegtsein" infolge der Wahrnehmung von Klängen und Tönen und Rhythmus äußert das Kind, indem es zur Musik mit dem Körper wippt, klatscht, sich dreht, tanzt. Es drückt das Wahrgenommene unmittelbar mit seinem Körper aus. Musik hören und sich dazu bewegen bilden bei vielen Kindern eine Einheit.

Abb. 3

Ebenso werden Bewegungen vom Kind oft durch Singen oder Sprachspiele begleitet. Dies bewirkt, daß einfache Grundbewegungsformen wie Gehen, Hüpfen und Springen rhythmisiert, geordnet und in einen wiederholbaren Ablauf gebracht werden.

Aus der Sicht vor allem jüngerer Kinder sind Musik, Bewegung, Tanz und Sprache unmittelbar miteinander verbunden. Erst mit zunehmendem Alter wird aus dem ganzheitlichen Erleben dann ein zur Perfektionierung und technischen Verbesserung aufforderndes Fach: Tanzen wird verknüpft mit dem Erlernen von Schrittfiguren und dem Einüben von Bewegungsfolgen, Musik wird mit der Beherrschung eines Instrumentes und Bewegen mit dem Trainieren in einer Sportart gleichgesetzt. Diese Tendenz wird in der Schule durch ein in Fächer aufgeteiltes Lernangebot unterstützt: Musik hat im Musikunterricht, Bewegung im Sportunterricht ihren Platz, nur im Tanzen sind beide Gebiete noch miteinander vereint.

Die *Zersplitterung kindlicher Erfahrungsräume* darf nicht zu früh einsetzen. In diesem Buch soll exemplarisch aufgezeigt werden, wie Bewegung, Tanz und Musik in den Kindergartenalltag integriert werden können, anstatt sie nach einem festen Wochenplan in begrenzte Zeiteinheiten abzudrängen oder aber an Musikschulen oder Sportvereine zu delegieren.

3 Bewegen – tanzen – Musik erleben

Wenn in diesem Buch der Schwerpunkt auf „integrierte" Angebote im Rahmen situativer Anlässe gelegt wird, soll dies nicht heißen, daß Bewegung, Tanz und Musik *nur* hier ihren Platz haben und nicht mehr in feste Zeiten (weil z. B. bestimmte Räume nach einem festgelegten Plan benutzt werden) eingeplant werden sollten.

Sinnvoll sind vielmehr beide Realisierungsformen: Bewegungserziehung, Tanzen, Singen und musikalische Grunderfahrungen sollten zu den regelmäßigen Angeboten des Kindergartens gehören, zugleich sollte Bewegung, sinnliche Wahrnehmung und rhythmischer Ausdruck auch in der Auseinandersetzung der Kinder mit Alltagssituationen, sachorientierten Themen oder jahreszeitlichen Ereignissen enthalten sein. Da von einer der Autorinnen zum Bereich Bewegungserziehung und zur Möglichkeit der Integration von Bewegung und Spiel in den Kindergartenalltag bereits mehrere Veröffentlichungen vorliegen (ZIMMER 1988, 1990), sollen im folgenden vor allem die Rolle des Tanzens und der Musik im Kindergarten diskutiert werden.

3.1. Kinder tanzen, was sie bewegt

An einem Montagvormittag geht es in einer Kindergartengruppe sehr unruhig zu: Einige Kinder streiten sich ununterbrochen, wollen immer gerade mit dem Spielzeug spielen, mit dem andere sich schon intensiv beschäftigen, sie werfen einen soeben aufgebauten Turm aus Bauklötzen um, es gibt Wutanfälle und Tränen. „Die ärgern immer", rufen schon die Kinder, die sich in ihrem Spiel gestört fühlen. Die Erzieherin schlägt der Gruppe der „Störenfriede" vor, mit ihr in die Eingangshalle des Kindergartens zu gehen, wo in einer mit Matratzen ausgelegten Ecke ein Kassettenrekorder steht. „Ich habe eine

Musik, zu der man einen Wuttanz machen kann, einen richtigen Ärgertanz, bei dem man seinen Ärger mit den Füßen in den Boden stampfen oder mit den Händen in die Luft schlagen kann, wollen wir uns die mal anhören? Wenn ihr mittanzen wollt, müßt ihr nur aufpassen, daß ihr dabei kein anderes Kind berührt."

Ein wenig skeptisch und ungläubig, aber doch auch neugierig stimmen die Kinder zu. Die Trommelmusik ist tatsächlich ziemlich wild, die Kinder springen und hüpfen sofort los, sie treten und stampfen, ballen die Fäuste und boxen in die Luft. Der Raum ist groß genug, so daß sie sich nicht zu nahe kommen und sich gegenseitig behindern. Ein Junge hat sich einen Stuhl geholt und trommelt mit seinen Händen im Rhythmus der Musik auf die Sitzfläche.

Durch die Musik angelockt kommen weitere Kinder aus dem Gruppenraum hinzu. Nicht alle Kinder beteiligen sich an dem Tanzen, einige sitzen am Rand und schauen den anderen gespannt zu (die Erzieherin tanzt mit). Als das Musikstück zu Ende ist, setzen sich alle mit der Erzieherin auf den Boden. Ein Junge äußert: „Das war gut, mal so richtig böse sein zu dürfen." Ein anderer: „Ja, ohne daß gleich einer schreit: Hört sofort auf!"

Die Kinder – erschöpft von der intensiven Bewegung – lassen sich nun ein in ein Gespräch über den Anlaß für die Streitigkeiten in der Gruppe. Abschließend überlegen sie gemeinsam, daß es vielleicht helfen kann, immer dann, wenn sie wieder einmal einen Wutanfall haben und nicht so recht wissen, wodurch sie sich gestört oder angegriffen fühlen oder dies auch nicht aussprechen können, erst einmal ihre „Ärger- und Wutkassette" zu hören und danach zu tanzen.

Vielleicht gelingt es ihnen auch, einen Freudentanz zu erfinden und auszuprobieren, wie sich gute Laune, Ausgelassenheit und Fröhlichkeit im Tanzen ausdrücken lassen?

Im Tanzen drücken Kinder oft aus, was sie bewegt. In ihrer Bewegung bringen sie *Gefühle und Stimmungen* zum Ausdruck. Sie hüpfen und springen vor Freude, klatschen vor Begeisterung in die Hände und lassen den Kopf hängen, wenn sie traurig sind. Ebenso lassen sie sich jedoch oft auch durch Singen, Spielen, Tanzen und Bewegen in ihrer Befindlichkeit beeinflussen. (Abb. 4)

So kann z. B. auch fröhliches, ausgelassenes Bewegen einem Kind dabei helfen, Mißmut, Ärger und Lustlosigkeit abzureagieren und sich „vom Leibe zu tanzen".

Abb. 4

Der Begriff *„Psychomotorik"* weist auf diese enge Verbindung körperlich-motorischer und geistig-seelischer Prozesse hin (vgl. ZIMMER 1990). Je jünger Kinder sind, um so mehr verdeutlichen sie in ihrem gesamten Verhalten, wie eng innere Bewegtheit und äußerlich sichtbares Bewegungsverhalten miteinander verbunden sind.

Nun kann nicht jede Bewegungsäußerung des Kindes bereits als Tanzen bezeichnet werden.

Zwar sind die Übergänge zwischen Tanz und Bewegung fließend, Tanz ist immer auch Bewegung, aber Bewegung ist nicht immer schon Tanz.

Wenn Bewegung mit Ausdrucks- und Darstellungsabsichten verbunden ist, wenn Musik durch Bewegung begleitet oder interpretiert wird und damit rhythmische Strukturen auch in der Bewegung sichtbar werden und eine – wenn auch minimale – Formgebung vorhanden ist, kann man von Tanzen sprechen.

Somit umfaßt Tanzen die breite Spanne zwischen dem spontanen Bewegungsausdruck zu einem wahrgenommenen (dazugehörigen) rhythmischen, stimmlichen und musikalischen Impuls bis zur räumlich und von der Bewegungsausführung her festgelegten Tanzform.

Die Palette der Angebote im tänzerisch-rhythmischen Bereich reicht also weit über das hinaus, was allgemein oft als Tanzen betrachtet wird: Kreis- und Reihentänze, die von den Kindern viel Disziplin und Konzentration verlangen und ihrem Bedürfnis nach Bewegung und unmittelbarem körperlichem Ausdruck nur wenig Raum lassen. Es geht nicht um das Einüben von Schrittfolgen und das Übernehmen vorgegebener Bewegungsformen und schon gar nicht um technische Perfektion. Vielmehr sollte die Freude an rhythmischer Bewegung, am Singen und Spielen, am Sichausdrücken und Darstellen in Bewegung im Vordergrund stehen. „Nicht so sehr Tanzen und Üben gehören im Kindergarten zusammen, sondern Tanzen und Spielen“ (GASS-TUTT 1989, 10).

3.2. Wann und wie kann getanzt werden?

Im Kindergartenalltag gibt es viele Gelegenheiten, mit den Kindern zu tanzen.

Impulse kommen oft aus der Kindergruppe, wenn Kinder z. B. wie im vorangegangenen Beispiel den Wunsch äußern, Musik zu hören und sich dazu ein Bewegungsspiel entwickeln läßt.

Ein solcher situativer Anlaß kann von der Erzieherin aufgegriffen und – entsprechend den räumlichen und personellen Voraussetzungen – mit einer Kleingruppe oder auch mit der Gesamtgruppe realisiert werden.

Neben solchen sich meist sehr spontan ergebenden Gelegenheiten sollte das Tanzen auch in die regelmäßig stattfindenden Bewegungszeiten einbezogen werden.

So eignen sich z. B. Musik oder Klangimpulse als *Einstieg in eine Bewegungsstunde,* vor allem dann, wenn Kinder hier frei Ideen entwickeln und Bewegungseinfälle ausprobieren können. Tanzen kann auch zum *Abschlußritual* einer Bewegungsstunde gehören. Ein solches Ritual gibt Kindern oftmals das Gefühl von Ordnung, Zeitabläufe erhalten eine Struktur, an der sie sich orientieren können.

Schließlich kann auch eine feste Zeit in der Woche für *„offenes Tanzen“* genutzt werden. Zur Teilnahme können auch die Eltern, die ihre Kinder abholen, eingeladen werden. Den Kindern sollte freigestellt werden, ob sie an dem gemeinsamen Tanzen teilnehmen oder einfach nur zuschauen wollen, denn auch beim Zuschauen sind sie innerlich beteiligt, vielleicht aber noch nicht bereit, in der Gruppe mitzumachen.

Eine weitere Möglichkeit ist die Einbeziehung von Bewegung und Tanzen in thematische Einheiten und in situative Anlässe, wie sie in Kap. 2.2. beschrieben worden sind. Diese sind meist an Erlebnissen aus dem Alltag von Kindern orientiert oder stellen ein Rahmenthema dar, das über eine längere Zeit in der Gruppe auf vielfältige Art und Weise behandelt wird.

Hier haben Bewegung und Tanzen weniger einen eigenständigen Stellenwert, sondern sie sind eingebunden in ein Konzept der Erfahrungsvermittlung, in dem der *Körper und seine Sinne* als wesentliche *Erkenntnis- und Erlebnisquellen* im Vordergrund stehen.

In jedem Fall sollte das Tanzen nicht auf ein Ergebnis ausgerichtet sein, auf vorzeigbare Formen oder einstudierte Bewegungsabläufe, da dies die Kinder in ihrem Bewegungsbedürfnis und in ihrer spontanen Ausdrucksfähigkeit sehr einschränken würde.

Tanzen sollte Kindern vielmehr *Spielräume eröffnen* für

- den Gewinn intensiver Körper- und Bewegungserfahrungen,
- das Erweitern der eigenen Ausdrucksfähigkeit,
- das Erproben kreativer Gestaltungsformen,
- die Entwicklung von Bewegungsrhythmus,
- das Verarbeiten von Erlebnissen und Gefühlen.

Der methodische Weg geht dabei also fast immer aus vom Finden und Erproben individueller Bewegungsmöglichkeiten zu einem Thema oder zu einer Spielidee.

Zum Teil erschöpft sich diese Phase im Experimentieren und Improvisieren, zum Teil wird sie jedoch auch in festgelegte Raumwege und Bewegungsformen überführt, so daß der Abschluß eine gestaltete Tanzform darstellt (z. B. „Der Schneckentanz“ oder „Mäuse huschen leise“).

Eine wiederholbare Tanzform kann das Ergebnis vieler Bewegungs- und Improvisationsideen sein. Wesentlich ist dabei der Prozeß, in dem die Tanzform aufgebaut wird. Geht man nicht – wie in diesem Buch vorgestellt – von einem Spielthema oder einer Bewegungsidee aus, sondern von einer vorgegebenen Musik (Schallplatte, Kassette), dann sind folgende Schritte hilfreich:

Beispiel
„Europa-Express“,
aus: Marius Korpel: Tanzmarkt

- *Musik hören und sich frei dazu bewegen:* Was paßt am besten zu der Musik: Gehen oder laufen, hüpfen oder springen, schleichen oder stampfen?
- *Strukturen herausfinden:* Gab es schnelle und langsamere Teile, kann man zu diesen Teilen etwas spielen, z. B. eine Eisenbahn, die mal langsam (Bummelzug), mal schnell (Schnellzug) fährt?
- Ausprobieren verschiedener Bewegungsmöglichkeiten zum Thema „Zug“: *Typische Bewegungsvorstellungen herausfinden.* Dazu passende Geräusch- und Klangimprovisationen mit der Stimme finden: Zischlaute, Pfeiftöne, Lautverbindungen „rattattatta rattatta“.
- Erweitern der Grundidee: Gruppen zu jeweils 4 bis 5 Kindern, die gemeinsam einen Schnellzug bzw. Bummelzug darstellen.
- *Festlegen eines Raumweges* für einzelne Gruppen (die Züge fahren aneinander vorbei, nebeneinander oder hintereinander her). (Abb. 5)

Soll die Musik durch eine Tanzform gestaltet werden, ist es wichtig, daß sie *deutlich gegliedert* ist, daß Einschnitte und Absätze gut erkennbar und hörbar sind (z. B. durch einen schnellen

Abb. 5

und einen langsamen oder einen lauten und einen leisen Teil, einen Instrumental- und einen Vokalteil).

Eine solche deutlich erkennbare Gliederung (Unterscheidung in A- und B-Teil) läßt beim Kind ein Gefühl für die Dauer der Abschnitte entstehen. Es kann sich vorstellen, wann ein Teil zu Ende ist und seine Bewegung darauf einstellen.

So kommt man selbst bei komplizierten Tanzformen, bei denen ein häufiger Richtungs- und Bewegungswechsel erfolgt, ohne Zählen oder verbale Hilfen der Erzieherin aus.

3.3. Beispiele für Tanzideen und Tanzgestaltungen

Auch bei der Hinführung zu gestalteten Formen des Tanzens – d. h., daß Bewegungsabläufe oder Raumwege festgelegt werden und der Tanz damit wiederholbar wird – sollte zunächst auf bekannte Bewegungsmöglichkeiten zurückgegriffen werden:

Allein die Veränderung der Raumrichtung läßt aus einfachen Bewegungsgrundformen wie Gehen, Laufen, Hüpfen, Drehen eine große Vielfalt von Gestaltungsmöglichkeiten entstehen. Vor dem Festlegen auf eine bestimmte Bewegungsfolge sollte zunächst viel Gelegenheit zum Spiel mit diesen Bewegungsformen gegeben werden. Zur Unterscheidung und Umsetzung einzelner *Formteile in der Musik* können den Kindern folgende Aufgaben gestellt werden:

Musikbeispiele

*** Hasensprung**
(in: Tanzkarussell – Zweiteilige Form: AB AB ...)

Nach einer Bewegungsphase, in der die Kinder zur Musik frei laufen oder gehen konnten, um herauszuhören, zu welchen Fortbewegungsformen sie sich aufgefordert fühlten, sitzen sie nun auf dem Boden:

- Jeder hat vor sich ein Blatt und zwei verschiedenfarbige Stifte. Sie malen zur Musik und verwenden dabei für den A-Teil die eine, für den B-Teil die andere Farbe.
- Zu jedem Teil in der Musik wird gemeinsam eine bestimmte Bewegungsform vereinbart, die gut zu dem Charakter der Musik paßt. Beispiel: Teil A: Springen, Teil B: Gehen.
- Gemeinsam mit den Kindern werden Tiere gesucht, deren Fortbewegungsformen für die jeweiligen Formteile der Musik geeignet sind (A – hopsende Hasen, B – Katzen). (Abb. 6)

- Nachdem die ganze Gruppe die Tierbewegungen entsprechend der Musikeinteilung ausprobieren konnte, werden 2 Gruppen gebildet:

Eine Gruppe stellt Hasen dar, die andere Katzen. Jede Gruppe setzt dann ein, wenn der entsprechende Musikteil zu hören ist, die andere Gruppe hat zu dieser Zeit Pause, ruht sich aus und schaut zu. (Evtl. können Reifen in 2 Ecken des Raumes ausge-

Abb. 6

legt werden, die den Unterschlupf der Hasen oder die „Kisten“ der Katzen darstellen). In einem weiteren Schritt sollte die sich bewegende Gruppe so genau auf die Musik achten, daß zum Abschluß des entsprechenden Formteils wieder alle in ihrem Unterschlupf bzw. ihrer „Kiste“ sind. (Bei der vorliegenden Musik sind die einzelnen Teile recht kurz, so daß nur kurze „Ausflüge“ möglich sind). Die Struktur der Musik und die Länge der einzelnen Phasen prägt sich so den Kindern leichter ein. Bewegungsphasen und Ruhepausen wechseln sich ab. Dabei lernen die Kinder auch *Einsätze zu finden, Zeiteinheiten zu erfassen* und einfach einmal abzuwarten, bis sie an der Reihe sind.

- In einem letzten Schritt setzen die beiden Gruppen zwar wieder hintereinander ein, nehmen aber jeweils mit der sich ausruhenden Gruppe Kontakt auf, indem z.B. die Hasen um die Katzenkiste herumhopsen oder indem die Katzen die Hasen jagen.

Text: Hans Jürgen Netz Musik: Peter Janssens
Aus: „He du, mich drückt der Schuh“

✻ **Herr Uklatsch**

2. Steigt Uklatsch in die Straßenbahn,
dann fängt sie schon zu wackeln an,
steigt Uklatsch in die Straßenbahn,
dann fängt sie schon zu wackeln an.

Refr.: Von vorne nach hinten, von links nach rechts,
von vorne nach hinten, von links nach rechts.

3. Zieht Uklatsch neue Jacke an,
dann bleiben keine Knöpfe dran.

Refr.: Von vorne nach hinten, ...

4. Herrn Uklatsch war die Hos' zu eng,
beim Bücken machte es dann peng.

Refr.: Von vorne nach hinten, ...

5. Und plötzlich rennt Herr Uklatsch los,
und runter rutscht die ganze Hos'.

Refr.: Von vorne nach hinten, ...

6. Er rennt um viele Ecken rum,
ein Polizist guckt auch ganz dumm.

Refr.: Von vorne nach hinten, ...

7. Jetzt macht Herr Uklatsch 'ne Hungerkur,
und ißt das halbe Essen nur.

Refr.: Von hinten nach vorne, ...

Der *Vers* wird durch freies Bewegen (hüpfen auf beliebigen Raumwegen) gestaltet.
Zum *Refrain* werden die Bewegungsrichtungen durch die Hände (oder andere Körperteile) angezeigt.

► **Weitere Beispiele für Kindertänze mit einer Gliederung in AB-Teile:**
„Durch die Tore“, in: Kinder- und Jugendtänze 2
„Kaninchenpolka“, in: Kinder- und Jugendtänze 2 (vgl. CLAUSMEYER 1990, S. 38)
„Werft 'nen Heller“, in: Tanzlieder für Kinder

Beispiele für Kindertänze mit einer Gliederung in 3 Teile (ABC, ABC ...)

✻ Ich bin ein kleiner Esel

Text und Melodie: überliefert

Dieses Spiellied regt Kinder zunächst einmal dazu an, die im Lied besungenen Handlungen des Esels nachzuahmen (mit dem Po „wackeln", durch den Raum „wandern"). Nach dem Ausprobieren kann dann eine Festlegung der Bewegungsformen entsprechend der 3 Teile des Liedes erfolgen.

Teil A: Die Kinder stehen im Kreis und gehen mit gefaßten Händen auf der Kreislinie vorwärts
Teil B: Sie bleiben stehen und wackeln mit dem Po hin und her.
Teil C: Im Stehen rufen sie I A (kann auch mit Klatschen verbunden werden)

✻ A prite le porte

(in: Pfeifer Tim und andere Tanzlieder für Kinder)

Auch hier steht zu Beginn das Ausprobieren verschiedener Bewegungsformen im Vordergrund.
Der *1. Teil der Musik (A)* fordert zum zügigen Gehen auf (gehen durch den ganzen Raum, gucken, wer heute alles da ist, dabei niemanden anstoßen). Deutlich kann dann der *Einschnitt* herausgehört werden, wenn die Musik zum Hüpfen auffordert *(B)*.
Auch der *3. Teil (C)* eignet sich zum Hüpfen, daher sollte hier

eine zusätzliche Möglichkeit zur Unterscheidung zum B-Teil gefunden werden (z. B. Hüpfen mit einem Partner, Änderung der Raumwege etc.).

Aus diesen Grundideen kann sich folgende Tanzfolge entwikkeln:

- Teil A: Freies Gehen im Raum
- Teil B: Umeinander herumhüpfen
- Teil C: Einen Partner suchen, sich an beiden Händen fassen und mit ihm im Kreis hüpfen.

Diese Folge ABC wird in 4 Strophen wiederholt: Bei der 2. und 3. Wiederholung kann Teil C verändert werden, indem mehrere Kinder sich zu kleinen Kreisen finden, sich anfassen und gemeinsam hüpfen. Bei der 4. Wiederholung bilden dann alle einen großen Kreis und hüpfen gemeinsam in die Kreismitte und wieder heraus.

► **Weitere Beispiele für Kindertänze mit einer Gliederung in ABC-Teile:**
„Toemba", in: Hoy Hoy 1 (siehe hierzu auch die Version *„Pinguintanz"* CLAUSMEYER 1988, S. 47 f.)
„Wohlgeheuer Wendelin" (vgl. GASS-TUTT 1989, 106 ff.)
Viele Anregungen für die Gestaltung von Tanzspielen und Kindertänzen sind zu finden bei GASS-TUTT 1989, MARUHN 1986).

Tanzen ist nicht nur nach hierfür speziell komponierten, vorgegebenen Musikstücken möglich, häufig sind auch Lieder, Texte, Sprechreime oder Klangbilder der Impuls bzw. die Begleitung für die Bewegung.

In diesem Buch werden vor allem *Lieder,* die mit den jeweiligen Themen und Spielsituationen in Verbindung stehen, zur Bewegung und Darstellung genutzt. Häufig regen allein die Texte Kinder bereits zur Interpretation durch Bewegung an (z. B. das „Nachtgespenst" oder „Schnecke und Biene"). Aber gerade wenn die Umsetzung in Bewegung nicht auf der Improvisationsebene stehen bleiben, sondern zu einer gebundenen Tanzform führen will, muß die Struktur und die Gliederungsmöglichkeit eines Liedes beachtet werden. Auch hier erleichtert die Einteilung in A- und B-Form, in Strophen und Refrain, das Erkennen von Zeitbegrenzungen für Bewegungsabläufe ohne Zählen von Schritten o. ä.

Damit werden bereits eine Reihe *musikalischer Grunderfahrungen* vermittelt. Da durch diese Vorgehensweise auch unsere

Auffassung von Musikerziehung im Kindergarten enthalten ist, auf die in der thematischen Einheit nicht Bezug genommen werden kann, sollen im folgenden einige uns wesentlich erscheinende Prinzipien der Vermittlung und Bedeutung musikalischer Grunderfahrungen erläutert werden.

3.4. Musikerziehung im Kindergarten

Musik hat nicht nur etwas mit Instrumenten, sondern auch mit Stimme und Sprache, mit Körper und Bewegung zu tun. So beinhaltet die Musikerziehung im Kindergarten verschiedene Ausdrucksformen: das Singen von Liedern, das Spielen auf einfachen Instrumenten, das Experimentieren mit der Stimme, das Hören und Differenzieren von Klängen und Geräuschen. (Abb. 7) Musik wird durch die Sinne aufgenommen und kann mit dem Körper in Bewegung umgesetzt werden.

> Alle Elemente der Musik, wie z. B. Rhythmus und Dynamik, Takt und Metrum, lassen sich durch Bewegung erfahrbar machen. Musik kann somit durch den Körper ausgedrückt und ebenso mit dem Körper erfahren werden. Musikerziehung im Kindergarten ist daher ohne Einbeziehung von Bewegung und Spiel kaum vorstellbar.

Musikalische Fähigkeiten sollen im Kindergarten nie isoliert gefördert werden, sie sollen immer verbunden sein mit einem Spiel mit musikalischen Inhalten oder mit einem Lied, das zum Darstellen, zum Bewegen oder Tanzen anregt.

Darüber hinaus kann ein Lied auch Anlaß sein, ein Metrum herauszuhören, rhythmisches Sprechen zu üben, verschiedene Tempi zu unterscheiden usw. So ist das Singen auch die im Kindergarten sicherlich häufigste Form des Musizierens. Spiellieder, Tanzlieder und Lieder, die man mit Hilfe von „Körperinstrumenten“ (Klatschen, Patschen, Schnipsen, Stampfen usw.) begleiten kann, werden von den Kindern besonders gern aufgenommen, da sie in Bewegung umgesetzt und mit unmittelbarer Handlung verbunden werden können.

Interessante Lieder werden oft gesungen, sowohl in der Gruppe als auch vom einzelnen Kind. So erlernen die Kinder

Abb. 7

auch Lieder, die vielleicht anfangs etwas schwer erscheinen. Wenn man Kindern beim Umgang mit ihrer Stimme zuhört, wird das häufig geäußerte Argument, der Tonraum eines Liedes dürfe am Anfang nicht zu groß sein, um die Kinderstimme nicht zu überfordern, widerlegt. Melodien, die sich auf enge Tonräume beschränken (Rufterz, Quarte, Quinte), werden schnell langweilig. Bei zu häufiger Verwendung dieser Melodien entsteht bei den Kindern bald Desinteresse und Unlust, obwohl sie doch gerne singen. Eine stimmbildnerische Regel sollte aber in jedem Fall beachtet werden: Kinder singen nicht gerne tief. Auch wenn es für Erwachsene oft nicht leicht ist, in einer kindgerechten Stimmlage zu singen, muß dieses beim Erarbeiten der Lieder berücksichtigt werden. Das Spektrum der Kinderstimme würde sonst nicht genutzt und ausgebildet.

Die Lieder in diesem Buch sollen Lust machen, sich musikalisch auszudrücken, und den Spaß an der Musik fördern. Diese Lieder stehen nicht für sich. Sie sind eingebettet in bestimmte Themen, die auf vielfältige Weise erlebt und erfahren werden können. Hier soll die Musik nicht einfach eine Vertonung von Texten sein. Sie soll illustrieren und vertiefen mit den ihr innewohnenden Ausdrucksmöglichkeiten. Durch die Einbeziehung der kindlichen Vorstellungskraft und Phantasie wird die innere Beteiligung des Kindes gestützt und gesteigert.

So kann das folgende Lied z. B. zum *Kennenlernen der Namen* eingesetzt werden, wenn in eine Gruppe zu Beginn eines Kindergartenjahres viele neue Kinder aufgenommen worden sind.

* Das Taubenhaus

Text und Melodie: Ludwig Voges

Spielidee: Für jedes Kind ist ein Stuhl im Kreis aufgestellt. Die Kinder spielen Tauben, sie sitzen hinter ihrem Stuhl und schauen unter der Stuhllehne wie aus dem Taubenhaus hervor. (Abb. 8)

Abb. 8

Die Erzieherin spielt die erste Taube: Sie „fliegt" im Stuhlkreis herum und singt ein Lied. Ist das Lied zu Ende, bleibt sie stehen. Das Kind (die Taube) hinter dem Stuhl nennt seinen Namen, es „fliegt" in den Kreis, die vorherige „Taube" setzt sich auf den nun freien Stuhl. Das Spiel wird so lange fortgesetzt, bis alle Kinder einmal Taube waren.

Variation: Steht nicht das Kennenlernen der Namen, sondern die Bewegungsdarstellung im Vordergrund, kann der Text des Liedes auch geändert werden:

„Die Sonne scheint aufs Taubenhaus,
alle Tauben fliegen aus.
Am Abend kehren sie dann heim
und schlafen müde ein."

Die Lieder sind in einfachen Tonarten notiert, um eine eventuelle Begleitung mit der Gitarre nicht unnötig zu komplizieren. Sollten die Lieder dadurch zu „tief" klingen, kann man einen Kapodaster benutzen (dies ist ein einfaches Hilfsgerät, um mit den bekannten Griffen auch in anderen Tonlagen der Gitarre begleiten zu können; es ist im Musikalienhandel erhältlich).

Durch halbtonweises Hochschieben wird man sich so an die richtige Stimmhöhe der Kinder herantasten.

Aber auch wenn musikalische Inhalte im Vordergrund stehen und musikalische Grundstrukturen in kindgerechter Form vermittelt werden sollen, kann ein abwechslungsreicher, lustiger Text zum Üben motivieren.

Beispiel:

Text und Melodie: Ludwig Voges

✻ Steigt ein Maler auf die Leiter

In diesem *Tonleiterlied* können die Worte „Maler“, „Leiter“ und „Pinsel“ vertauscht werden, so daß bei jeder Wiederholung ein neuer Text entsteht:

> Steigt ein Pinsel auf den Maler
> mit der Leiter in der Hand.
> *Oder:*
> Steigt ’ne Leiter auf den Pinsel
> mit dem Maler in der Hand.

Eventuell können auch die Namen von Kindern eingesetzt werden:

> Steigt die Kathrin auf die Silke
> mit dem Christoph in der Hand ...

Viele Kindergärten haben einen Grundstock an *elementaren Instrumenten:* Stabspiele (Glockenspiel, Metallophon, Xylophon), Fellinstrumente (Pauken, Handtrommeln), Triangel, Klanghölzer, Holzblöcke, Becken, Zimbeln, Rasseln usw. Nicht immer werden diese Instrumente so genutzt, wie es wünschenswert wäre. Ein häufiger Hinderungsgrund ist das Mißverständnis, daß theoretische Vorkenntnisse (wie z. B. das Notenlesen) eine Voraussetzung sei, um mit dem Instrumentarium umzugehen. Wenn dann fehlendes Wissen auch noch durch übermäßiges Üben ausgeglichen werden soll, leidet bei den Kindern die Motivation und die Spiellaune: das musikalische Ergebnis entspricht dann selten der aufgewandten Mühe.

Dagegen macht es vielmehr Spaß, die Instrumente auf ihre *Klang- und Spielmöglichkeiten* hin zu untersuchen, und nicht nur den „richtigen" Schlegel für das „richtige" Instrument zu finden. Klangdauer, Tonhöhen, Lautstärken und Klangcharakter werden spielerisch gefunden, unterschieden und beschrieben. Wesentliche Bestandteile der Musik – die Dynamik und das Tempo – können so stärker berücksichtigt werden. Sucht man den Einstieg zum Instrumentalspiel auf diese Art, entfällt das Vermitteln von theoretischen Grundkenntnissen. Das Spiel mit den Instrumenten kann gleich beginnen.

Damit diese Übungen nicht in einen spannungslosen, undifferenzierten „Klangbrei" münden, ist eine klare Aufgabenstellung, wie sie in den folgenden Beispielen vermittelt werden soll, wichtig.

3.5. Beispiele für musikalische Grunderfahrungen

Im folgenden sollen einige Beispiele für Klangexperimente gegeben werden:

- **Instrumentenladen**

In einem Musikgeschäft herrscht eine fürchterliche Unordnung. Alle Instrumente liegen „durcheinander" auf dem Boden. Bevor die ersten Kunden kommen, muß alles wieder geordnet werden. Die Kinder verwenden hierzu unterschiedlichste Kriterien:

Alles Runde, alles Eckige, alles aus Metall, Holz usw. wird zusammengelegt. Beim Ausprobieren wird dann überprüft, ob die gefundenen Lösungen zu einer Ordnung geführt haben. Über das Hören kommt man wieder zu neuen Möglichkeiten. Zum Beispiel: Alle kurz klingenden, lang klingenden, alle lauten, leisen Instrumente usw... (Es müssen also nicht immer Metallophon und Xylophon zusammengestellt werden).

- **Ratespiel**

Jedes Kind sucht für sein Instrument eine Spielmöglichkeit. Nacheinander – für die anderen Kinder verborgen – spielt jeder seinen Klang vor. Die anderen müssen dann herausfinden, wie dieser Klang erzeugt wurde.

- **Tonschlange**

Alle Kinder sitzen im Kreis. Nacheinander spielt jeder einen Ton. Das nächste Kind darf erst spielen, wenn es den Ton nicht mehr hört. Es sollte allerdings vorher geklärt werden, daß man bestimmte Klänge in einiger Entfernung nicht mehr wahrnimmt, während das Kind direkt daneben immer noch etwas hört. Das Kind, das als nächstes an die Reihe kommt, soll ganz allein entscheiden, wann es spielt. (Abb. 9)

- **Klangwalze**

Die Kinder sitzen wieder im Kreis. In kurzen Abständen setzt ein Kind nach dem anderen ein, bis alle spielen. Auf ein Zeichen hört dann einer nach dem anderen wieder auf. So ergibt sich ganz natürlich ein Lauter- und Leiserwerden (Crescendo – Decrescendo).

- **Der Marktplatz**

Auf dem Marktplatz sind viele Menschen. Sie unterhalten sich, gehen umher, bleiben stehen und hören den Marktschreiern zu.
Alle Kinder tragen ein Instrument (Triangel, Klanghölzer, klingende Stäbe usw.) und bewegen sich, leise auf dem Instrument spielend, im Raum. Plötzlich ertönt ein Instrument lauter. Eines der Kinder (vorher nicht verabredet) preist durch sein Spiel etwas an (Marktschreier).

Abb. 9

Alle anderen hören auf zu spielen und bleiben stehen. Nach einer Weile geht das Treiben auf dem Marktplatz weiter. Dann übernimmt ein anderes Kind die Rolle des Marktschreiers.
Wenn alle Kinder den Marktschreier gespielt haben, ist das Spiel zu Ende (Wechselspiel zwischen Tutti und Solo).

- **Leiterspiele**

(Übung zur Tonhöhendifferenzierung)
Die Kinder hören gleichmäßig aufsteigende und abfallende Tonfolgen (mit dem Metallophon). Mit verschlossenen Augen zeigen sie mit der Hand den Tonverlauf (eventuell die ganze Tonleiter). An der Sprossenwand (Trittleiter, Treppe) versuchen die Kinder, Ton für Ton nachzusteigen.
Später kann auch ein Ton übersprungen werden. Die Kinder stellen sich dabei vor, sie steigen auf eine morsche Holzleiter (Strickleiter zu einem verlassenen Baumhaus, Treppe, in einer Ruine).

- **Gegenstände suchen mit Instrumenten**

Ein Kind verläßt den Raum, die anderen verstecken nun einen Gegenstand, den das Kind suchen soll.
Einige Kinder der Gruppe haben Instrumente, mit denen sie dem suchenden Kind Meldung geben, wie nahe es sich an dem Gegenstand befindet. Entfernt es sich weiter weg, werden sie leiser, kommt es in seine Nähe, werden sie lauter. So wird das Kind langsam zu dem gesuchten Gegenstand herangeführt, bis es ihn gefunden hat (es entsteht ein Crescendo – Decrescendo wie bei der „Klangwalze").

Es lassen sich auch Geräusche aus der Umwelt darstellen, die charakterisiert sind durch dynamische Abläufe oder Tempoveränderungen (Klänge aus der Natur, Verkehr, Geräusche auf einer Baustelle usw.).
So können z. B. Geräusche von Fahrzeugen mit Instrumenten nachgeahmt werden: ein ratternder Traktor, ein heulendes Motorengeräusch (Sirene, Feuerwehrauto), ein zischender, rukkelnder Zug, ein knatternder Bus.
Auch Situationen können klanglich dargestellt werden: ein Gewitter mit Donner und Blitz, Sturm, Regenschauer, Hagel. Es müssen nicht immer fertige Instrumente sein, mit denen man Geräusche, Töne, Klänge produzieren kann, auch Alltagsmaterial kann als Geräusch- oder Tonquelle genutzt werden (Schlüsselbund, Topfdeckel, Löffel, die aneinander geschlagen werden, Pergamentpapier oder Zeitungspapier zum Rascheln). Ebenso können Kinder „Instrumente" selber herstellen (Joghurtbecher, die mit Reis, Dosen, die mit Steinchen gefüllt sind usw. (vgl. KREUSCH – JAKOB 1987).

Experimente mit Klängen, Geräuschen und Tönen stehen am Anfang des Musizierens.

Im Spiel erlernen die Kinder, aufeinander zu hören, die Spannung zu halten und ihr Instrument bewußt und differenziert einzusetzen. Dies sind Regeln, die die Voraussetzung für ein Zusammenspiel in der Gruppe darstellen. Aufbauend auf diesen Erfahrungen ist es möglich, komplexe programmatisch aufgebaute Spielideen zu realisieren. Beispiele dafür sollen die beiden Klangbilder „GEWITTER" und „WINTERWALD" sein (vgl. Kap. 4.4 und 4.5).

4 Natur erlebbar machen – Vom Frühling, Sommer, Herbst und Winter

Kinder haben ein unmittelbares Interesse an der sie umgebenden Umwelt. Naturerscheinungen und -ereignisse fordern ihre Neugier heraus („Wo ist der Regenbogen, wenn er nicht am Himmel steht?" – „Warum kann man den Wind nicht sehen?"). Sie fragen, erkunden, wollen den Dingen „auf den Grund gehen".

Hauptanliegen der folgenden Spielthemen und -situationen ist, den Kindern Gelegenheit zum Sammeln von *Primärerfahrungen* zu geben und damit ihre Beziehung zur Natur zu vertiefen.

Kinder haben oft eine mystische Vorstellung von der Art und Weise, wie Umweltereignisse erklärt werden können („Schneeflocken" – da werden die Wolken ausgeschüttelt"), die z. T. auch durch Märchen und Geschichten hervorgerufen worden sind. Aber auch der unumstößliche Glaube, daß das, was die Erwachsenen ihnen sagen, wahr ist („Das ist so, das weiß ich ganz bestimmt, Papa hat mir das gesagt") macht verständlich, warum im Kindergarten verbale Erklärungen nicht immer das geeignetste Mittel zum Verstehen und Begreifen von naturwissenschaftlichen Sachverhalten sind.

Lernen sollte hier also nicht durch Belehrung, sondern durch *eigene Erfahrung* erfolgen. Mit möglichst vielen Sinnen sollen die Kinder Umweltereignisse wahrnehmen und mit ihnen umgehen können. Spiele mit dem Wasser oder der Luft lassen z. B. deren Kraft erleben und ihre Eigenschaften kennenlernen. Die folgenden Einheiten beziehen sich auf Erfahrungsbereiche, die Kindern auf einfache Weise Einsichten in zu beobachtende Naturerscheinungen und -ereignisse vermitteln.

Der Anlaß kann ein konkretes Erlebnis sein (z. B. eines Unwetters mit umgestürzten Bäumen und Überschwemmungen, vgl. Kap. 4.4) oder aber ein der Jahreszeit entsprechendes Thema.

Die *Sachinformationen* sollten der Erzieherin helfen, Antworten auf Fragen der Kinder zu geben. Sie sollen jedoch nicht abstrakt und ohne konkrete Anschauung eingebracht werden, sondern immer im Zusammenhang mit dem selbständigen Tun, dem spielerischen Erkunden und neugierigen Experimentieren der Kinder stehen.

Ziel ist dabei nicht nur das Sammeln von Erfahrungen in der Begegnung mit der Natur, vielmehr sollte mit dem *Verständnis für die Naturereignisse* Kindern eine Vorstellung von der *Verantwortung* gegeben werden, die auch sie im Hinblick auf die sie umgebende Umwelt haben.

Wo immer dies möglich ist, sollte die Erzieherin mit den Kindern in die Natur gehen, und nur in Ausnahmefällen kann auch die Natur in den Kindergarten „geholt" werden. Dabei sollte vor allem bei lebenden Tieren immer Rücksicht auf deren Lebensbedingungen und -bedürfnisse genommen werden, ebenso sollten sie wieder in ihren natürlichen Lebensraum zurückgebracht werden.

4.1. Von Vögeln, die wiederkehren, und Regenwürmern, die sich aus dem Staube machen

Einstieg: Kirsten ist aufgefallen, daß wieder mehr Vögel im Garten zu sehen sind. Im Gespräch fällt der Begriff Zugvögel. Die Kinder wissen, daß es Vögel gibt, die in unserer Heimat überwintern, und solche, die die kalte Zeit in wärmeren Ländern verbringen.

Sachinformationen: Vögeln begegnen Kinder sehr häufig, und auch kleinere Kinder haben keine Schwierigkeiten, Vögel zu identifizieren, Hühner und Enten werden allerdings oft nicht als Vogel erkannt.

Durch einfaches Beobachten von freilebenden Vögeln, Geflügel und Stubenvögeln ist es Kindern ohne Probleme möglich, die äußeren Merkmale zu erfassen

- Vögel haben zwei Beine, an den Füßen Zehen und Krallen,
- sie haben keine Zähne, sondern einen Hornschnabel,
- sie haben keine Haare, sondern Federn,
- Vögel bauen Nester, in die sie bis zu fünf Eier legen, die sie dann ausbrüten,

- Jungvögel werden von ihren Eltern gefüttert,
- Vögel fressen Samenkörner, Insekten, Beeren und Regenwürmer usw.,
- Die Vogelgliedmaßen sind zu Flügeln umgebildet.

Kinder ahmen das Fliegen also korrekt nach, wenn sie laufen und mit den Armen das Flattern darstellen.

• Vögel in Bewegung

Im Raum verteilt stehen Stühle, die die Nester der Vögel darstellen. Die Kinder spielen Vögel, die in ihren Nestern sitzen und sich putzen.

- Auf ein Signal (Triangel) fliegen die Vögel weg und flattern im Raum umher.
- Auf ein neues Signal fliegen die Vögel zu ihrem Nest zurück.

*** Alle Vögel sind schon da**

Dieses traditionelle Lied ist bei Kindern oft schon bekannt, es greift die Zugvogelthematik auf.
Das Lied hat eine dreiteilige musikalische Form ABA. Um die ABA-Form zu erkennen, ist es sinnvoll, die Melodie zunächst nur zu summen; der Text ist in den jeweiligen Liedteilen unterschiedlich und lenkt von der Form ab, die Melodie ist dagegen gleich.

• Darstellen der musikalischen Form in Bewegung

Einteilung in 2 Gruppen: Eine Gruppe singt, die andere spielt.

Teil A: freie Bewegung – die Vögel fliegen und flattern.
Teil B: die Vögel bleiben an ihrem Platz (evtl. Stuhl = Nest), schütteln ihr Gefieder aus, putzen sich, picken Futter, ruhen aus.
Teil A: Die Vögel fliegen wieder weg. Am Ende der Strophe fliegt jeder Vogel zu seinem Baum zurück.

✻ Das Lied vom Spatzenei

Text und Melodie: Ludwig Voges

2. Es lag ganz still, nichts rührte sich.
   Ich hab's genau gesehn.
   Doch da ein Knacks, das Ding bricht auf.
   Nanu, was ist geschehn?

3. Ein kleiner Spatz ist ausgeschlüpft,
   von selbst, ganz nebenbei.
   Das Ding im Nest, das war kein Stein,
   das war ein Spatzenei.

Dieses Lied eignet sich gut zum Mitsingen, die Kinder können den Text auch in einer kleinen *Spielszene* darstellen:
Sie liegen zusammengekauert auf dem Rücken in einem Gymnastikreifen, der das Vogelnest darstellt.
Einzelne Körperteile zeigen durch eckige Bewegungen an, daß sie die Eierschale durchbrechen, der „Spatz" befreit sich von den Schalen und steht wackelig auf den Beinen.
Er versucht zum ersten Mal, seine Flügel zu bewegen, flattert auf der Stelle in seinem Nest, trainiert das Fliegen; dann macht er kurze Ausflüge, kehrt aber immer wieder in sein Nest zurück.

▶ **Weiterführende Ideen:**
„Die Vogelhochzeit" – Rolf Zuckowski

● Wenn die Hühner sich streiten, freut sich der Regenwurm

Einstieg: Die Kinder beobachten, welche Nahrungsmittel Vögel zu sich nehmen. Dabei ist eine Amsel aufgefallen, die versucht, mit aller Anstrengung einen Regenwurm aus dem Rasen zu ziehen.

Sachinformation: Der Regenwurm gehört zur Familie der Ringelwürmer. Sein Körper besteht aus vielen Gliedern, an dessen Unterseite Borsten sind, mit denen er sich fortbewegt. Er atmet durch die Haut, auf der er auch einfache Lichtsinnzellen hat. Er frißt humusreichen Boden und Pflanzen. Er kann nur in feuchter Umgebung leben, sich aber nicht im Wasser aufhalten. Deshalb kommt er auch bei Regen, wenn sich das Wasser in den Gängen sammelt und die Luft verdrängt, an die Oberfläche.

Zur Vermehrung legt er Eier. Je mehr Regenwürmer im Boden sind, um so fruchtbarer ist er.

• Regenwürmer beobachten

Die Kinder suchen im Garten nach Regenwürmern.
Im Sandkasten sind keine.
Aber einige sind im Blumenbeet.
Im Komposthaufen sind ganz viele.
Woran liegt das?

Wir setzen mehrere Regenwürmer in ein Einmachglas, das wir mit verschiedenfarbiger Erde gefüllt haben. Dunkle Gartenerde, heller Sand, braune Walderde, eine Schicht trockene Blätter.
Nach nicht langer Zeit sehen wir durch das Glas, daß sich die Grenzen der verschiedenen Erdschichten immer mehr verwischen, bis sie schließlich verschwunden sind.
Regenwürmer graben also die Erde um und machen sie somit locker und fruchtbar.

Auch hier sollte darauf geachtet werden, daß Kinder sehr vorsichtig mit den Tieren umgehen und sie keineswegs als Spielzeug betrachten.

Wenn wir in dem o. a. Beispiel Tiere ausnahmsweise aus ihren gewohnten Lebensbereichen herausgeholt und damit der Beobachtung zugänglich gemacht werden, sollte dies neben dem Verständnis für die Vorgänge in der Natur in erster Linie auch dazu führen, Kindern Achtung und Verantwortung gegenüber der Tier- und Pflanzenwelt zu vermitteln.

Spiellied

Text und Melodie aus Schweden
Aus: „Kinder- und Jugendtänze 2"
Kallmeyer'sche Verlagsbuchhandlung
3016 Seelze-Velber

✻ Die fünf Hühnerchen

Die Kinder hören sich das Lied vom Regenwurm und den Hühnern zunächst einmal an.
Um die Liedstruktur zu erkennen, können sie das Singen der Erzieherin mit *„Körperinstrumenten"* begleiten:
Liedstruktur: 2/4 Takt, zwei Teile A und B.

Teil A: Klatschen auf den Taktschwerpunkt in die Hände.
Teil B: Klatschen auf den Taktschwerpunkt auf die Oberschenkel.

• Tanzspiel

Der Liedtext kann auch in einem Tanzspiel dargestellt werden. Als *Einstieg* wird z. B. zunächst ein großer Kreis gebildet:

A: Die Kinder singen und gehen dabei auf der Kreislinie.
B: Sie fassen sich an den Händen, gehen in die Kreismitte und wieder zurück. (Wird je nach Größe des Kreises und Bewegungstempo wiederholt, bis der Liedteil zu Ende ist).

Diese einfache *„gebundene" Tanzform* kann weiter ausdifferenziert werden, wenn der Text des Liedes in die Bewegungsdarstellung einbezogen wird: Jeweils fünf Kinder stehen im Kreis. In der Mitte liegt ein Kind als Regenwurm.

A: Die Außenkreiskinder bilden mit den Händen ein Dreieck auf dem Kopf als Zeichen für ein Haus in einem Dorf. Bei „da gab es einen Sturm" schwanken sie hin und her. Als die Hühner miteinander zanken, verschwindet der Regenwurm aus dem Kreis. Die Kinder nehmen ihre Hände an die Augen und schauen umher, wo der Wurm geblieben ist. Bei „Piep" nehmen sich alle Kinder in den Arm.

B: Die Kinder und der verschwundene Regenwurm fassen sich an den Händen und hüpfen auf der Kreisbahn herum.

► **Ergänzung:**
Vorlesen der Geschichte *„Von den Hühnern und dem Regenwurm"* (Ursula Wölfel).

Was passierte dem Regenwurm, als er sein Loch verließ, um sich eine neue Wohnung zu suchen?

● **Gedicht:** Rudi der Regenwurm (Eine Geschichte im Versmaß)

1. Ein Wurm schaut unzufrieden
aus seinem Loch heraus.
Bei ihm ist's kalt und dunkel,
er hält's nicht länger aus.
„Ich geh' jetzt auf die Reise,
such' mir ein schönes Haus",
sagt sich der Wurm ganz leise,
zieht in die Welt hinaus.

2. Er findet eine Pflaume.
Sie liegt im grünen Gras.
Er schaut sich um, erschrickt dann:
„Nanu, was ist denn das?"
Ein Larvenbaby wohnt hier.
Es brüllt und schreit so laut.
Der Lärm ist unerträglich.
Er kriegt 'ne Gänsehaut.

3. Da sieht er einen Apfel.
„Vielleicht ist der noch frei?",
fragt sich der Wurm und kriecht schnell
am Pflaumenhaus vorbei.
Doch hier wohnt eine Schnecke.
Sie grinst ihn schmatzend an:
„Glaub ja nicht, daß ich teile.
Zuerst bin ich mal dran!"

4. Die Birne, grün und saftig,
ist noch ganz unbewohnt.
Er schaut sie an und denkt sich:
„Es hat sich doch gelohnt".
Doch als er eingezogen
und sich zur Ruhe legt,
hört er ein lautes Ticken.
Das Haus hat sich bewegt.

5. Die Amsel pickt ganz eifrig
an seinem Haus herum.
Dem Wurm wird's ungemütlich:
„Ich kehr am besten um.
Wenn dieses Tier mich findet,
ist es um mich geschehn.
Ich mach' mich aus dem Staube.
Adieu, auf Wiedersehn."

6. Er läßt die Birne liegen
und kriecht so schnell er kann.
Erregt und außer Atem
kommt er zu Hause an.
Der Wurm schaut jetzt zufrieden
aus seinem Loch heraus:
„Es ist zwar kalt und dunkel,
doch hier halt' ich es aus".

4.2. Die kleine Schnecke „Schnirgelschreck"

Einstiegsmöglichkeit: Kinder finden im nassen Gras Schnecken: einige haben Angst, sie anzufassen, andere setzen sich die Schnecken auf die Hand und hoffen, daß sie weiterkriechen.

Am nächsten Tag bringen einige Kinder leere Schneckengehäuse mit in den Kindergarten. Es entstehen immer neue Fragen:

- Warum sind in den Schneckenhäusern keine Schnecken mehr?
- Haben alle Schnecken ein Haus?
- Wo sind die Augen der Schnecken?
- Wie kommt die Schnecke vorwärts, wenn sie keine Beine hat?

Aufgreifen des Themas „Schnecken“: Schnecken kann man am besten in der Natur beobachten. Bei einem Spaziergang durch nasse Wiesen werden Kinder im Sommer fast immer auf Schnekken stoßen. Sicher finden sie an Bäumen oder Pflanzen Blätter, die durchlöchert oder angefressen sind.

Schnecken können auch in einem mit Gras gefüllten Glas (mit einem Nagel Luftlöcher in den Schraubdeckel schlagen, ohne Deckel sind bald keine Schnecken mehr im Glas) gesammelt und dann im Gruppenraum ausgiebig beobachtet werden (täglich frische Salatblätter hinzufügen und mit ein wenig Wasser beträufeln).

Hier kann man sich auch Bilder oder Fotos von Schnecken ansehen. Mit Knetgummi können Schnecken geformt und auch ein Schneckengehäuse nachgebildet werden. Die vielen Fragen der Kinder werden ein Gespräch darüber anregen: wo Schnekken leben, was sie fressen, wie sie sich bewegen, welche typischen Merkmale sie haben (z.B. Fühler, Gehäuse), welche verschiedenen Arten von Schnecken es gibt. Oft wollen Kinder die Schnecken auch von unten betrachten. Dazu kann man die Schnecke auf eine Glasplatte setzen; beim Kriechen hinterläßt sie eine Schleimspur, die sie vor dem Hinunterrutschen bewahrt.

In der Regel sollten Tiere jedoch in ihrem Lebensbereich belassen und nicht für „experimentelle Zwecke“ in den Gruppenraum geholt werden. So kann man Kindern auch Achtung vor der Natur und Respekt vor der den Tieren gemäßen Lebensumwelt vermitteln.

Sachinformationen: Schnecken lieben nasses Wetter, bei Trokkenheit können sie sich in Erdspalten verstecken. Auch am Tag sind sie oft nicht zu sehen, sondern kommen erst, wenn es Abend wird, zum Vorschein und beginnen zu fressen. Gegen Morgen ziehen sie sich wieder zurück an geschützte Stellen, die feucht und dunkel sind. Nur bei Regenwetter wandern die Schnecken auch tagsüber durch den Garten oder – auf dem Land – sogar über die Straße. Alle Schnecken haben am Kopf 2 Fühlerpaare, an dem längeren Fühlerpaar sitzen die Augen.

Abb. 10

Schnecken bewegen sich mit den Muskeln ihrer Kriechsohle, die sich an der Unterseite ihres Körpers befindet.

Die Erwachsenen lieben die Schnecken meist nicht so sehr, weil sie im Garten Blätter, Pflanzen, Blüten und manchmal sogar Wurzeln fressen. Die Blätter sehen dann ganz ausgefranst aus. Für Kinder interessant sind vor allem die *„Schnirgelschnekken"*. Sie haben ein kleines buntes Schneckengehäuse und klettern mit Vorliebe an Stengeln und Stielen der Pflanzen und Sträucher hoch.

Die Schnecken sind mit ihrem Körper und dem Gehäuse fest verbunden. Leere Schneckenhäuser sind die Reste von zugrundegegangenen oder gefressenen Schnecken.

Spielimpulse

- Im *Schneckentempo:* Wir bewegen uns auf dem Boden wie Schnecken; wie können wir die Fühler darstellen? (Abb. 10) Wie lange brauchen Schnecken wohl, um von einem Stuhl zum anderen zu kriechen?

- Wir bauen uns ein *Schneckenhaus* (einen Karton, den man sich auf den Rücken legt und beim Kriechen mitnehmen kann oder einfach einen Stuhl, unter den sich die Schnecke zurückziehen kann).

- **Die kleine Schnecke Schnirgelschreck**

Aus einem Schnick-Schnack-Schneckenhaus
da gucken kleine Hörner raus.
Die kleine Schnecke Schnirgelschreck
oh je, jetzt ist sie wieder weg.

Und aus dem Schnick-Schnack-Schneckenhaus
da kommt jetzt eine Schnecke raus.
Die kleine Schnecke Schnirgelschreck
bewegt sich und kommt kaum vom Fleck.

Schnick-Schnack-Schnirgelschnecke
kommt ganz langsam um die Ecke.
Hat dabei ihr Schneckenhaus,
kriecht mal rein und wieder raus.

Das *Gedicht* wird von der Erzieherin langsam vorgelesen, die Kinder können dazu den Inhalt nachvollziehen:
Das Hervorwagen und Zurückweichen der Schnecke, ihr langsames Um-die-Ecke-Kriechen kann mit einem Fingerspiel auf der Tischplatte dargestellt werden.

- **Bewegungstempo der Schnecke als Beispiel für Zeiterfahrungen**

Spiel mit den Gegensätzen langsam–schnell: Welche Tiere bewegen sich langsam (Raupe, Regenwurm), welche kriechen auch am Boden, sind aber schnell (Ameisen, Käfer, Spinnen). Ebenso können auch große Tiere, die sich nur langsam und träge vorwärts bewegen oder aber schnell und geschickt sind, gefunden und dargestellt werden (Bär, Elefant – Pferde, Tiger, Hasen).
Die Kinder probieren die Bewegungen dieser Tiere aus (jeweils gegensätzliche Paare finden, um die Tempoveränderung zu verdeutlichen).

● Einbeziehung von Instrumenten

„Schnell" und „langsam" wird durch Instrumente begleitet (z. B. Klangbausteine oder Xylophon), die zunächst von der Erzieherin, später von einem Kind gespielt werden.
Entsprechend dem vorgegebenen Tempo suchen sich die Kinder aus, welche langsamen bzw. schnellen Tiere sie darstellen.

Text und Melodie: Ludwig Voges
Aus: „Lieder wie Kinder sie mögen"
(Abdruck mit freundlicher Genehmigung
des Deutschen Kinderschutzbundes
Ortsverband Köln,
Spichernstraße 55, 5000 Köln 1)

✻ Schnecke und Biene

2. Hallo, kleine Biene sag mir:
warum hast du keine Zeit?
‖: Bald wird es schon dunkel, muß noch lange fliegen,
denn zum Bienenstock ist es noch weit. :‖

2. Trag dein Haus doch auf dem Rücken,
mach's wie ich und ruh dich aus.
‖: Du kannst besser kriechen, ich kann besser fliegen,
viel zu schwer ist mir dein Schneckenhaus. :‖

Die Kinder hören das Lied und probieren aus, wie man die Bienen in Bewegung darstellen kann. Dabei können sie summen, die „Flügel" ausbreiten und durch den Raum surren.

- *Dynamikerfahrungen „schwer–leicht"*

Die Bewegungen der Schnecke sind in dem Lied als „schwer" beschrieben, sie muß ihr Schneckenhaus mit sich herumschleppen. Die Biene dagegen hat keine Last zu tragen, sie fliegt leicht davon.

Die Kinder versuchen, den Gegensatz von schwer und leicht in Bewegung umzusetzen.

- Die Gruppe wird in zwei Hälften geteilt:
Eine Hälfte spielt Bienen, die andere Schnecken (entweder können sich die Kinder selbst zuordnen, oder die Erzieherin verteilt kleine Kärtchen, auf denen eine Biene oder eine Schnecke aufgezeichnet ist. Jedes Kind zieht eine Karte).
- Die Erzieherin singt das Lied, die Kinder bewegen sich dazu.
- Die Kinder bewegen sich nur zu ihrer Melodiephase (die Schnecken zum Schneckenteil usw.). Ist diese zu Ende, rollen sich die Schnecken ein, die Bienen fliegen zurück zum Bienenstock.
- Gemeinsam kann nun versucht werden, das Lied in der Gruppe zu singen. Um auch den sprachlich schwierigen „Bienenteil" zu erarbeiten, können dabei z. B. *Fingerspiele* durchgeführt werden: Beim Schneckenteil schleicht eine Hand über den Tisch. Ist der Schneckenteil zu Ende, rollt sich die Schnecke ein (Faust). Die Biene (andere Hand) ist versteckt – hinter dem Rücken oder unter dem Tisch. Beim Bienenteil kommt die Hand hervor, die Finger bewegen sich schnell und imitieren die Flügelbewegungen der Biene. Ist der Bienenteil zu Ende, verschwindet sie wieder.

- *Schneckentanz*

Gestaltung des Liedes in Form eines Tanzes für die ganze Gruppe (Hinführung zu gebundenen Tanzformen).

„Schneckenteil" (A): Jeweils 3 bis 4 Kinder stellen sich hintereinander und legen sich die Hände auf die Schultern. Sie stellen nun gemeinsam eine Schnecke dar, die durch den Raum spaziert.
Beim *„Bienenteil"* (B) löst sich die Gruppe auf, und die Bienen surren nun frei im Raum umher. Sobald der Schneckenteil wieder beginnt, kommen die Gruppen wieder zusammen.

Variation

A: Alle Kinder stehen in Kreisform, fassen sich an den Händen und gehen langsam auf der Kreislinie vorwärts.

B: Die Kinder lösen die Handfassungen, breiten die Arme wie Flügel aus und „fliegen“ durch den Raum. Bei der Wiederholung fliegen alle wieder auf ihren Platz im Kreis zurück.

Weitere Variationen können auch für die folgenden Strophen des Liedes gefunden werden (z.B. durch gebücktes Gehen das Tragen des Schneckenhäuschens andeuten usw.).

- *Weiterführung*

Die Gegensatzpaare „langsam – schnell“ können auch am Beispiel anderer Tiere verdeutlicht werden.
Im Gespräch sammeln die Kinder, welche Tiere sich durch schwerfällige (Elefant) oder durch leichte Bewegungen (Schmetterling) auszeichnen. Sie versuchen, die Bewegungen darzustellen und auch eine Begleitung dazu zu finden.

Z.B. *Elefant:* langsames Patschen mit der ganzen Handfläche auf den Boden oder die Stuhlsitzfläche. Ein Teil der Kinder bewegt sich zu dieser Begleitung im Raum.
Schmetterling: Schnelles Tippen mit den Fingernägeln, Fingerkuppen oder Fingerknöcheln auf den Boden oder die Stuhlsitzfläche. Um das „Orchester“ herum flattern die Schmetterlinge.

- *Variation des Liedtextes*

Der Text des Schnecken-Bienen-Liedes kann nun auch mit den Kindern gemeinsam verändert werden:

Wichtig ist dabei, Tiere oder Gestalten mit deutlich erkennbaren Gegensätzen in ihrer Fortbewegung zu finden, die auch gut von den Kindern gespielt werden können. Beispiel:

Kommt ein Jäger mit der Flinte
will auf Hasen jagen gehn.
Doch die kleinen Häschen
hoppeln durch die Wiesen,
haben doch den Jäger längst gesehn.

Und der Jäger trottet weiter
mit der Flinte in der Hand.
All die kleinen Hasen

hüpfen zum Versteck. Sie
haben doch den Jäger längst erkannt.

- *„Schneckenformen"*

Die Kinder schauen sich die Schneckenhäuser genau an, ertasten ihre Form (evtl. unter einem Tuch mehrere klar voneinander unterscheidbare Gegenstände verstecken und die Schneckenhäuser heraustasten lassen).

- Welche typische Form haben Schneckenhäuser?
- Malen der Schneckenhausform:
  - mit den Armen oder Beinen in die Luft,
  - auf einen großen Papierbogen.
- Legen der Schneckenform mit einem Gymnastikseil.
- Wo gibt es den Begriff Schnecke sonst noch (z.B. Lakritzschnecken, Kuchenschnecke)?

- *Raumweg Schnecke*

Die Kinder stehen in Kreisaufstellung und fassen sich an den Händen. Die Erzieherin steht an einer offenen Stelle des Kreises und geht einen „Schneckenraumweg" in den Innenkreis. Die Kinder folgen ihr, bis die ganze Gruppe in Form einer Schnecke steht. Wie kann diese Form aufgelöst werden?
1. Möglichkeit: Das Schneckenende zieht den Raumweg wieder zurück.
2. Möglichkeit: Der Schneckenanfang zieht durch die gebildeten Gassen zurück.

4.3 Schmetterlinge und bunte Ballons

Im Sommer sind Kinder beim Spiel im Freien fasziniert von Schmetterlingen, von den Farben ihrer Flügel und ihrem schwebenden, flatternden Flug. Finden sie allerdings einmal an einem Blatt oder auf dem Boden eine Raupe, können sie sich gar nicht vorstellen, was so ein Tier mit dem bunten Schmetterling zu tun hat.

Sachinformation: Schmetterlinge kommen nicht als Schmetterlinge zur Welt. Sie legen Eier, aus denen Raupen werden, die sich „verpuppen“. Aus dieser Hülle schlüpft dann der Schmetterling heraus.

Die meisten Schmetterlinge leben nur wenige Wochen. Sie sterben, sobald sie für die Fortpflanzung gesorgt haben. Die Entwicklung eines Schmetterlings ist wegen seiner Verwandlung besonders interessant. Das Schmetterlingsweibchen legt Eier ab, aus denen winzige, gefräßige Raupen mit messerscharfen Mundwerkzeugen schlüpfen. Diese kleinen Lebewesen fressen unaufhörlich Blätter und Pflanzen. Da ihre Außenhaut nicht mitwachsen kann, häutet sich die Raupe mehrere Male. Die zu enge Körperhülle platzt dabei auf, und die bereits darunterliegende neue wird sichtbar.

Die erwachsene Raupe wird nach ihrer letzten Häutung zur Puppe. Dazu spinnt sie sich kopfüber mit einigen Seidenfäden fest. In diesem Stadium nimmt sie keine Nahrung mehr zu sich. Äußerlich verändert sich in der nächsten Zeit an der Puppe nichts. Im Inneren entwickelt sich der Falter, der die schützende Hülle verläßt, sobald die Entwicklungsphase abgeschlossen ist. Der Schmetterling entfaltet danach seine Flügel. Seine Nahrung besteht aus süßen Pflanzensäften.

Spielidee: Von der Raupe zum Schmetterling

- Wir spielen Raupe und versuchen, uns in der Bauchlage am Boden voranzubewegen.
Die Raupen kriechen durch einen aufrecht am Boden stehenden Reifen, eine schräge Bank hoch, über oder durch Hindernisse hindurch (die auch von anderen Kindern dargestellt werden können).
- Sie „fressen“ ein Blatt auf (als Begleitinstrument Guiro einsetzen).
- Sie „verpuppen“ sich (hüllen sich in ein Tuch).
- Aus den Kokons schlüpfen Schmetterlinge aus (sich aus dem Tuch herauswickeln), entfalten die Flügel und schweben davon (mit ausgebreiteten Armen durch den Raum laufen).

Diese Spielideen können begleitet werden durch ein Lied von R. Krenzer: *Eine dicke Raupe* (siehe S. 56).

* Eine dicke Raupe

Text: Rolf Krenzer, Melodie: Ludger Edelkötter
Aus: „Hast du etwas Zeit für mich"
Impulse Musikverlag, Natorp 21, 4406 Drensteinfurt
(Abdruck mit freundlicher Genehmigung des Verlages)

2. Einmal wird die Raupe
satt und müde sein.
Spinnt sich ein im Häuschen
und schläft darin ein.

3. Aus der fetten Raupe,
klein und so gering,
wird, wenn sie erwacht, ein
bunter Schmetterling

4. Fliege, kleiner Falter!
Du bist wunderschön!
Alle stehn und staunen,
wenn sie dich jetzt sehn.

5. Ich breit' beide Arme
weit, so weit jetzt aus.
Seht nur her, ich fliege
in die Welt hinaus.

6. Seid behutsam, Leute!
Rührt mich ja nicht an!
Gott will, daß ein jedes Tier
sein Leben leben kann.

- *Spiel mit Luftballons*

Ähnlich leicht und schwebend wie die Schmetterlinge fliegen Luftballons.

„Schmetterlinge“ (Kinder) und Luftballons tanzen durch den Raum. Die Luftballons sollen möglichst immer in der Luft bleiben und nicht zu Boden fallen. Zwei „Schmetterlinge“ können sich auch gegenseitig einen Ballon zuspielen.

✻ Mein Luftballon

Text und Melodie: Ludwig Voges

2. *Refrain:*
   Die Bienen schwirren schnell davon.
   Nanu, was war denn das?
   Mein Luftballon schlägt Purzelbaum
   und kugelt sich im Gras.

3. *Refrain:*
   Doch da, der Wind hat aufgehört,
   und einen Augenblick
   steht er ganz still, mein Luftballon,
   und kehrt zu mir zurück.

4. *Refrain:*
   Was bist du nur für ein Freund?
   Läßt dich einfach treiben.
   Fliege mir nicht mehr davon,
   du sollst jetzt bei mir bleiben.

Das Lied thematisiert das Spiel der Schmetterlinge und Luftballons. Es ist weniger als Spiellied geeignet, sondern eher zum Vorsingen. Den Refrain können die Kinder mitsingen.

► **Zur *Weiterführung* des Themas „Raupen und Schmetterlinge"** können folgende Geschichten und Lieder eingesetzt werden: Das Bilderbuch *„Die kleine Raupe Nimmersatt"* von Eric Carle oder *„Die Geschichte von der dicken grünen Raupe"* von Barbara Cratzius / Pieter Kunstreich (Herder) eignen sich sehr gut, um den Weg der Raupe bis zu ihrer Verwandlung zum Schmetterling zu verdeutlichen und Kindern nahezubringen.
Die musikalische Fassung von Ludger Edelkötter (Impulse Musikverlag) beinhaltet ein Singspiel, das sowohl zum Tanzen als auch zum szenischen Darstellen der Bilderbuchgeschichten anregt.

4.4. Vom Regen, Wind und fallenden Blättern

Erwachsene haben am Wetter fast immer etwas auszusetzen. Mal ist es zu heiß, mal zu kalt, und vor allem durch Regen fühlen sie sich in ihrer Stimmung und Laune schnell beeinträchtigt.

Tagelanger Dauerregen – für Erwachsene oft ein Grund, das Haus nur zu verlassen, wenn sie unbedingt nach draußen müssen – wird von Kindern ganz anders erlebt:

- Wasserpfützen laden zum Durchwaten und Hineinspringen ein. (Abb. 11)

Abb. 11

- warmer Nieselregen auf bloßer Haut wird wie eine köstliche Dusche empfunden.
- wenn es so richtig gießt, kann man auf dem Regenmantel das Prasseln der Regentropfen hören.

Wenn nur die Erwachsenen nicht wären, die einem den Spaß am Matschen im nassen Sand und am Spiel mit und in Wasserpfützen verleiden.

Gummistiefel und robuste Regenkleidung genügen, um auch dem dauerhaftesten Regen einen eigenen Reiz abzugewinnen. (Es gibt kein schlechtes Wetter – wenn man entsprechend gekleidet ist.)

Vielleicht hilft ein Regenlied, das Nörgeln der Erwachsenen über ein paar Regentropfen zu unterbinden.

* Regenlied

Text und Melodie: Ludwig Voges

2. Wir sind doch nicht aus Zucker,
der Regen macht uns Spaß.
In unsrem bunten Regenzeug
werden wir bestimmt nicht naß.

3. Ihr seid doch nicht aus Zucker,
der Regen macht euch Spaß.
In eurem bunten Regenzeug
werdet ihr bestimmt nicht naß.

● *Fingerspiel:* Regen

Wie kann man mit den Händen Geräusche erzeugen?

Beispiel:

– es regnet einzelne Tropfen	Mit flachen Fingerkuppen auf die Tischplatte klopfen.
– es regnet stärker	Immer mehr Finger kommen dazu.
– es gießt	Die Finger trommeln in schnellem Tempo auf der Tischplatte.
– es hagelt	Mit den Fingerknöcheln klopfen.
– der Regen wird wieder schwächer	Mit flachen Fingerkuppen klopfen.
– nur noch wenige Tropfen fallen von Blättern zu Boden	Mit einzelnen Fingerkuppen trommeln.

● *„Rückenregen"*

Zwei Kinder sitzen hintereinander. Ein Kind führt die beim Regenspiel geübten Fingerbewegungen nun auf dem Rücken des Partners aus. Dieser findet heraus:

● War es ein Regenschauer,
● einzelne Regentropfen oder
● fallen warme Sonnenstrahlen auf den Rücken
(Hände streicheln über den Rücken)?

Donner, Blitz und Regenschauer

Vor einem Gewitter haben viele Kinder Angst. Funkelnde Blitze und lautes Donnern ist ihnen unheimlich. Sie haben gehört, daß man sich bei einem Gewitter nicht draußen aufhalten soll, daß der Blitz aber auch manchmal in einen Baum oder ein Haus einschlagen und ein Feuer verursachen kann.

Warum gibt es meist im Sommer Gewitter, und wie kommt es eigentlich dazu, daß es am Himmel blitzt und kracht? Warum sind bei einem Gewitter immer dunkle Wolken am Himmel?

Sachinformation: Wenn es draußen heiß ist, steigt die warme Luft in die Höhe. Weiter oben bei den Wolken ist die Luft aber oft noch kühl, und wenn nun die warme und die kalte Luft aufeinanderstoßen, mischen sie sich nicht, sondern wirbeln umeinander herum. Dadurch werden die dunklen Wolken elektrisch aufgeladen, und es entstehen Funken, die wie ein greller Zick-Zack-Strich am Himmel zu sehen sind.

Nach einem Blitz donnert es laut. Der Donner kommt dadurch zustande, daß die Luft um den Blitz herum sehr heiß wird und so etwas wie eine Explosion entsteht.

Der Donner hört sich gefährlich an, viel gefährlicher ist aber der Blitz. Er besitzt eine sehr große Kraft, die auch Menschen und Tiere, die sich im Freien aufhalten, treffen oder sogar einen Baum zum Umfallen bringen kann. Meist setzt nach dem Donner auch starker Regen ein; er prasselt auf die Erde, dauert aber meist nicht sehr lange an.

Zum Abbau von Ängsten kann es sinnvoll und hilfreich sein, selbst ein Gewitter darzustellen.

● *Gewittergeräusche*

Ein Gewitter ist mit vielen Geräuschen verbunden. Diese können nach einem Gespräch über die beim Gewitter ablaufenden Ereignisse mit Instrumenten dargestellt werden.

Zunächst sollten einzelne Instrumente ausprobiert und herausgefunden werden, welches am besten zum Donner, Blitz und Regen usw. paßt. (Abb. 12)

Folgende Instrumente eignen sich nach Meinung der Kinder, mit denen wir dieses Beispiel ausprobierten, gut für die Darstellung von Wind, Regen, Blitz und Donner (siehe S. 64):

Abb. 12

Klang	**Instrument**	**Spielweise**
Wind	Handtrommeln 	Reiben mit den Fingerspitzen über das Fell.
Regen	Metallophone 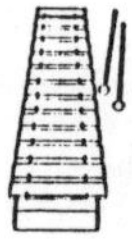	Einzelne Töne, Glissando (heftiges Auf- und Abgleiten mit dem Schlegel über das Instrument).
Blitz	Hängebecken 	Kräftige Schläge mit einem weichen Filzschlegel.
Donner	Pauken 	Wirbelartige Schläge mit einem weichen Filzschlegel.

Das Spiel mit den Instrumenten kann – über die erste Experimentier- und Probierphase hinaus – auch in ein *Klangbild* übergeführt werden.

- *Klangbild „Schmetterling im Gewitter"*

Zur Unterstützung der kindlichen Vorstellung über den Ablauf des Gewitters und zur Einbeziehung von Bewegung in die Darstellung kann das Klangbild verbunden werden mit der Geschichte eines Schmetterlings, der in ein Gewitter gerät.

Ein Kind spielt dabei den Schmetterling. Entsprechend den Klängen der Instrumente (Triangel) flattert er ausgelassen über die Wiese, taumelt im Wind, schüttelt die Regentropfen ab, sucht Schutz unter einem Blatt (Stuhl o. ä.), versteckt sich bei Blitz und Donner und kommt nach Beendigung des Gewitters wieder aus seinem Versteck heraus (Die Bewegungsmöglichkeiten sollten von dem Kind selbst gefunden werden).
Die anderen Kinder sitzen im Kreis am Boden, jedes hat ein Instrument (Abb. 13). Der Ablauf des Gewitters wurde vorher gemeinsam mit den Kindern festgelegt: Die Erzieherin sollte zur besseren Koordinierung den Verlauf verbal begleiten.
Der Ablauf dieses Klangbildes ist gekennzeichnet durch die sich verändernde Dynamik, ein breit angelegtes Crescendo (lauter werden) und ein ebensolanges Decrescendo (leiser werden). Wind und Regen sind die Grundklänge des Klangbildes, während Blitz und Donner vereinzelt auftreten.

Abb. 13

	Ereignisse	**Spielweise/Instrument**
	Ein Schmetterling flattert ausgelassen über eine Wiese.	Unregelmäßige Schläge im oberen Winkel der Triangel.
	Leise kommt ein Wind. Langsam wird er stärker.	Die Fingerspitzen reiben über das Trommelfell.
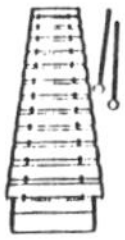	Die ersten Regentropfen fallen.	Vereinzelte Töne auf dem Metallophon.
	Der Schmetterling sucht Schutz unter einem großen Blatt.	Die unregelmäßigen Triangelschläge hören nauf.

	Ereignisse	**Spielweise/Instrument**
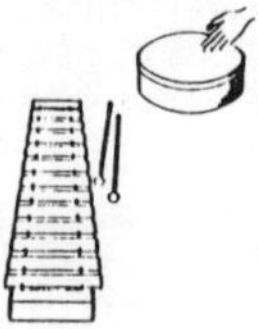	Wind und Regen werden stärker. Schließlich stürmt es und Regenschauer schlagen nieder.	Starkes, schnelles Reiben auf der Handtrommel. Die einzelnen Metallophontöne werden dichter. Dann ist nur noch ein Auf- und Abgleiten (Glissando) zu hören.
	Der erste Blitz zuckt über den Himmel.	Ein, zwei schnelle starke Schläge auf das hängende Becken.
	Ein ohrenbetäubender Donner folgt kurz darauf.	Mehrere kräftige Schläge auf der Pauke.
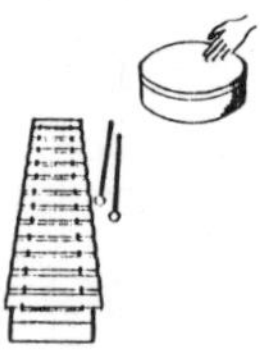	Immer noch stürmt es und der Regen peitscht über die Wiese.	Eine Weile bleiben die Instrumente in ihrer Lautstärke konstant.
 	Blitze und Donner wechseln ab.	
 	Doch nach und nach wird der Abstand zwischen Blitz und Donner größer.	Nicht nur der Abstand zwischen den Klangaktionen wird größer, sondern auch deren Lautstärke nimmt ab.
	Der Wind wird schwächer. Blitze und Donner lassen nach.	
	Aus dem Regenschauer wird allmählich ein leichter Regen, dann ein Tröpfeln.	Aus dem Glissando auf dem Metallophon entwickeln sich langsam wieder Einzeltöne.

	Ereignisse	**Spielweise/Instrument**
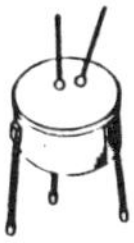	Kein Blitz ist mehr zu sehen. Nur das Donnergrollen in weiter Ferne erinnert noch an das Gewitter.	In dieser Phase werden alle Instrumente leiser.
	Der Wind hört auf.	
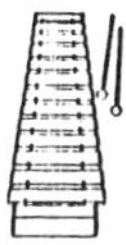	Nur noch einzelne Tropfen fallen nieder.	Vereinzelte Metallophontöne.
	Der letzte Tropfen kullert von dem Blatt, unter dem der Schmetterling Schutz gesucht hat.	Wenn der letzte Ton verklungen ist, spielt wieder die Triangel, erst zaghaft, dann fröhlicher.
	Der Schmetterling kommt aus seinem Versteck heraus und flattert über die Wiese davon.	Die Triangeltöne werden immer leiser und verstummen.

Windspiele

Möglicher Anlaß: An einem Vormittag bricht ein heftiger Sturm aus. Die Kinder beobachten am Fenster, wie sich die Äste der Bäume bewegen und wie Papierfetzen durch die Luft fliegen.

Den Wind selber kann man nicht sehen, aber man kann ihn spüren. Der Wind kann vieles bewegen: Ein Tuch flattert, ein Band wird in die Luft geschleudert, wenn man ein Fähnchen in den Wind hängt, kann man sehen, aus welcher Richtung er weht.

Wind ist Luft, auch sie ist unsichtbar, man kann sie jedoch erfahrbar machen, wenn man beobachtet, wie Gegenstände sich durch Luft verändern.

Was passiert, wenn Luft in Gegenstände (z.B. Luftballons, Schwimmreifen, Luftmatratze) gepumpt wird?

Am Beispiel eines Luftballons oder Schwimmreifens kann man verdeutlichen, wie dieser durch Luft größer, aber auch immer leichter wird. Jedes Kind darf aufpumpen, die Veränderungen

des Ballons oder des Schwimmreifens werden von den anderen mitbeobachtet.
Die Wirkung von Luft kann auch erfahren werden, indem man z. B. Kerzen auspustet.

Wie kann man selbst Wind bzw. Luft erzeugen?
z. B:
- durch den eigenen Atem
- mit dem Fön
- mit einem Blasebalg
- mit Tüchern
- mit einer Luftpumpe

Der erzeugte Wind ist spürbar.

- *Bewegungsspiel*

Jedes Kind sucht sich einen Partner. Beide fassen ihre Hände (gekreuzt) und drehen sich immer schneller im Kreis, dann werden sie wieder langsamer, bis sie stehen bleiben.
Eine solche Mühle kann man auch mit der ganzen Gruppe darstellen: Eine Hälfte der Gruppe bildet einen Kreis (die Hände sind gefaßt). Die anderen Kinder stellen sich außen im Kreis auf, so daß sie jeweils mit einer Hand das Handgelenk eines Kindes im Innenkreis greifen können.
Den freien Arm strecken sie nach außen, so ergibt sich das Bild eines großen Rades.
Das Mühlrad beginnt langsam sich zu drehen. Zunächst gehen die Kinder auf der Kreislinie und werden dann schneller.
Hierzu kann folgendes Lied gesungen werden:

✻ Die Mühle

Text und Melodie: Ludwig Voges

2. Der blinzelt und schaut
   zum Himmel empor.
   Da dringt doch ein Rauschen
   ganz leis' an sein Ohr.

3. Und dann erst ganz schwach,
   man kann es kaum sehn,
   bewegt sich das Mühlrad,
   fängt an sich zu drehn.

4. Der Wind bläht sich auf,
   treibt Wolken daher,
   er bläst, und er pustet,
   es wird immer mehr.

5. Die Mühle, sie mahlt,
   sie dreht sich geschwind.
   „Das wurde auch Zeit",
   sagt der Müller zum Wind.

6. Blas weiter, blas zu,
   du hast viel zu tun,
   mein Korn sollst du mahlen,
   erst dann kannst du ruhn.

Bei diesem Bewegungsspiel können das musikalische Prinzip
– accelerando (schneller werden)
– ritardando (langsamer werden)
erfahren werden.

Fallende Blätter

Kein noch so kreatives Ersatzmaterial kann an die Stelle von buntem Herbstlaub treten.

Kinder werfen die trockenen Blätter gerne in möglichst großen Mengen in die Luft und lassen sich mit Vorliebe in tiefen, weichen Laubbergen einsinken.
Sie können helfen, das Laub zusammenzufegen und es anschließend wie eine große Laub-Badewanne benutzen oder aber eine Blätterschlacht veranstalten.

Wir sammeln Blätter in verschiedenen Farben und Formen.

- *Rubbelbilder*

Ein Blatt wird unter ein Stück Papier gelegt. Mit Wachsmalstiften kann man nun darübermalen, so daß die Struktur des Blattes sichtbar wird.

- *Blattnegative herstellen* (Spritztechnik)

Material: alte Zahnbürste
feines Sieb (Teesieb o. ä.)
Wasserfarben
Ein Blatt wird auf ein Stück Papier gelegt. Die Farbe wird mit der Zahnbürste durch das Sieb gestrichen.
Durch das Reiben mit der Zahnbürste über das Sieb spritzt die Farbe auf Papier und Blatt; hebt man das Blatt nun ab, wird das Negativ sichtbar.

- *Spiele mit Zeitungsblättern*

Zeitungsblätter lassen die Wirkung von Wind erfahren. Sie sind leicht und groß, rascheln und knistern, können in der Luft schweben oder sacht zum Boden sinken. Kinder können sie im Laufen wie eine Fahne flattern lassen oder sie wie ein Zeltdach über den Kopf halten. (Abb. 14)
Im Spiel werden jedoch auch andere Bewegungsideen mit Zeitungsblättern entwickelt:
Auf dem Boden ausgebreitet, können sie z. B. zu Pfützen und Gräben werden, über die man steigen und springen kann.

- *Pfützentanz*

Im Raum verteilt liegen Zeitungsblätter auf dem Boden. Sie stellen riesige Wasserpfützen dar, in die man hineinspringen kann, so daß es nach allen Seiten spritzt.
Aus dieser Spielidee kann man unter Einbeziehung von Musik einen *„Pfützentanz“* machen. Gut geeignet hierzu ist die Schallplatte *„Ku-tschi tschi“* (Fidula-Verlag).

Die zweiteilige Liedform (ABAB ...) kann folgendermaßen in Bewegung umgesetzt werden:
Teil A: Die Kinder laufen in beliebigen Raumwegen um die Pfützen herum
Teil B: Sie springen entsprechend dem Rhythmus der Musik in der „Pfütze“ (anstelle der Zeitungsblätter können auch Reifen im Raum ausgelegt werden)

Abb. 14

✻ Blätter fallen sacht ...

Text und Melodie: Ludwig Voges

Einbeziehung der Zeitungsblätter: Die Kinder sitzen im Stuhlkreis und singen gemeinsam mit der Erzieherin das Lied.
Eine Gruppe von 4 bis 5 Kindern steht in der Mitte und raschelt während des Singens leise mit Zeitungsblättern, sie lassen sie in verschiedenen Raumebenen flattern.
Ist das Lied zu Ende, übergeben sie einem Kind aus dem Stuhlkreis das Blatt.

► Weiterführende Spielideen:

Spiele mit dem *Schwungtuch* (mit Bällen, Luftballons, Japanbällen) oder mit dem *Vogelschutznetz* (vgl. ZIMMER 1990).

„Das große, kecke Zeitungsblatt“ – Ein Sing- und Bewegungsspiel nach einem Gedicht von J. Guggenmoos, in: Fink-Klein/Peter-Führe/Reichmann: Rhythmik im Kindergarten (Verlag Herder).

4.5. Winterklänge und Winterspiele

Kinder erwarten meist sehnsüchtig den ersten Schnee und das erste Eis. Tanzende Schneeflocken beobachten, einen dicken Schneemann bauen, auf vereisten Straßen und zugefrorenen Seen schlittern, das sind heute leider immer seltener werdende Gelegenheiten, dem Winter auch draußen schöne Seiten abzugewinnen.

Schlittschuhlaufen kann man allerdings auch im Gruppen- oder Bewegungsraum:

• *Spielidee: Schlittschuhlaufen*

Hierzu brauchen wir für jedes Kind mindestens einen Staublappen (oder Putzlappen oder eine Teppichfliese, die mit der flauschigen Seite auf den Boden gelegt wird). (Abb. 15)

Abb. 15

Wir stellen uns zunächst einmal mit einem Fuß auf einen Staublappen und drücken uns mit dem anderen ab. Wenn der Boden nicht zu stumpf ist, kann man so durch den ganzen Raum gleiten (falls genügend Staubtücher vorhanden sind, kann jedes Kind auf 2 Tüchern gleiten). Die Kinder finden schnell eigene Ideen zum Rutschen und Gleiten auf dem Tuch heraus, experimentieren mit Anlauf und Anschwung, mit Bremsen und Steuern.

- *Klangbild Winterwald*

Einstieg: Die Kinder erzählen, wie sie den Winter wahrnehmen. Die meisten wünschen sich, daß endlich Schnee fällt, daß sie ihren Schlitten herausholen und damit die Wiesen und Hänge hinunterrodeln können.

Der Winter wird von fast allen als dunkle Jahreszeit wahrgenommen, in der es auch viel leiser und stiller ist als z. B. im Sommer.

Welche Geräusche sind überhaupt typisch für den Winter. Kann man Schneeflocken hören, wenn sie zu Boden fallen?

Die von den Kindern und der Erzieherin zusammengetragenen Eindrücke über den Winter können in einem Klangbild dargestellt werden.

Auch bei diesem Klangbild ist es notwendig, einige Instrumente auszuwählen. Wenn die Kinder beim Experimentieren eine andere Auswahl treffen, sollte diese unbedingt berücksichtigt werden. Ebenso kann die Reihenfolge der Klangaktionen geändert oder ergänzt werden.

Wie schon für das Klangbild „Gewitter“ (siehe S. 64) gilt auch für den „Winterwald“, daß der Einsatz der Instrumente und der Verlauf der Klangaktionen bestimmt werden durch die Phantasie und die Vorschläge der Kinder. (Abb. 16)

Zunächst werden die Instrumente ausprobiert, um herauszufinden, welche Spielweisen sich für die Winterklänge und -geräusche eignen, Beispiel siehe S. 76 oben.

Abb. 16

Klang	Instrument		Spielweise
Wind	Handtrommeln		Reiben mit den Fingernägeln über das Fell.
Schneeflocken	Glockenspiele Metallophone	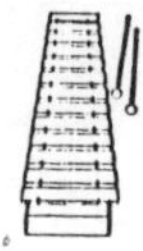	Einzelne Töne mit dem Schlegel.
Schneegestöber	Glockenspiele Metallophone		Glissando (heftiges Auf- und Abgleiten mit Schlegel über das Instrument).
Glitzernde Schneekristalle	Triangel		Einzelne Schläge.
Pferdeschlitten	Schellenkranz		Schütteln im Galopprhythmus.

Ähnlich wie bei dem Klangbild „Gewitter" ist auch der Verlauf dieses Klangbildes durch ein langes Crescendo bzw. Decrescendo geprägt. Grundklänge sind der Wind und der Schnee. Allerdings ändert sich die Spielweise des Schnees. Wichtig ist der Übergang von den immer dichter fallenden Schneeflocken hin zum Schneegestöber.
Der Pferdeschlitten, der zum Schluß durch den glitzernden Schnee fährt, vertieft die Vorstellung der Kinder und rundet das Klangbild ab.

Vorschlag für den Ablauf des Klangbildes

	Ereignisse	Spielweise/Instrument
	Es ist Nacht. Der Mond scheint, und die Sterne funkeln. Es wird kalt.	Bevor die ersten Geräusche zu hören sind, herrscht spannungsvolle Stille.
	Ein eisiger Wind beginnt leise zu wehen.	Langsames Reiben mit einem Fingernagel unter leichtem Druck über das Trommelfell.

	Ereignisse	**Spielweise/Instrument**
	Der Wind wird stärker und treibt dichte Wolken vor sich her.	Die anderen Finger kommen dazu. Der Druck auf das Fell wird stärker.
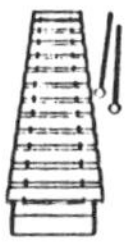	Erste Schneeflocken taumeln durch die Luft zur Erde.	Vereinzelte Töne auf dem Glockenspiel und dem Metallophon.
	Eiskalte Windböen treiben den Schnee vor sich her.	Zuckende Bewegungen über das Trommelfell.
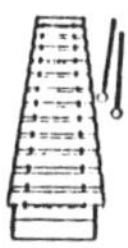	Der Schnee wird immer dichter.	Schnelle Tonfolgen auf dem Glockenspiel und dem Metallophon.

Ablauf des Klangbildes

	Dichtes Schneegestöber.	Glissando auf dem Glokkenspiel und dem Metallophon.
	Eine Weile dauert dieses Wetter an.	
	Dann wird der Wind allmählich schwächer.	Alle Instrumente werden langsam leiser.
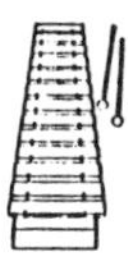	Aus dem Schneegestöber werden wieder einzelne Schneeflocken.	Glockenspiel und Metallophone spielen wieder einzelne Töne.
	Und schließlich ist alles vorbei. Der Wald liegt tief verschneit.	
	Nach einiger Zeit sind die Wolken verschwunden, und im silbernen Mondlicht glitzern Schneekristalle.	Hin und wieder ein leiser Schlag auf der Triangel.

Ereignisse	Spielweise/Instrument
Plötzlich ist ein Klingen zu hören. Noch ganz entfernt und leise. Es wird lauter und kommt immer näher.	Schütteln mit dem Schellenkranz im Galopprhythmus.
Durch den verschneiten Wald galoppiert ein Pferdegespann mit einem Schlitten. Es läuft vorbei, verschwindet zwischen den Bäumen und ist bald nicht mehr zu sehen.	Crescendo – Decrescendo (lauter werden – leiser werden).
Im Wald ist es wieder ganz still geworden.	

Das Klangbild kann mit einem gemeinsamen Lied, in dem die winterliche Stimmung noch einmal beschrieben wird, beendet werden.

* Früh am Tag wird es schon dunkel

Text und Melodie: Ludwig Voges

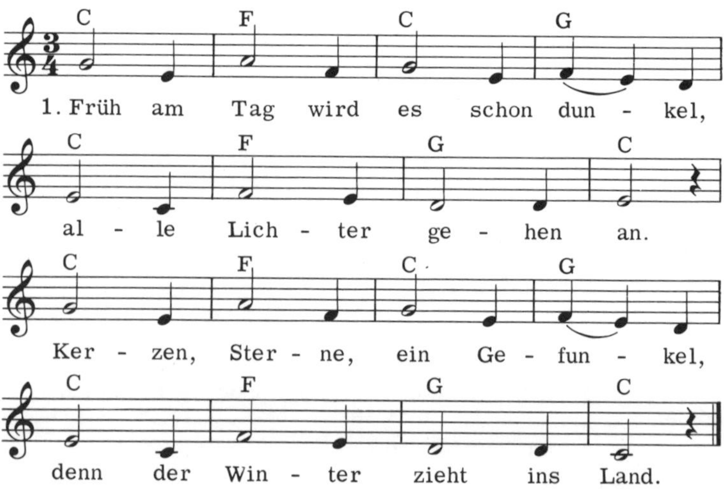

2. Dicke Flocken fallen leise,
   und schon bald ist alles weiß.
   Hoch vom Norden ging die Reise,
   und der See ruht unterm Eis.

3. Schneemann bauen, Schlittschuhlaufen
   Rodeln durch den weichen Schnee,
   Schneeballschlacht, im Schnee sich raufen,
   macht viel Spaß und tut nicht weh.

▶ Weitere Spiel- und Vorleseanregungen zum Thema „Winter“: *„Winter ohne Schnee – oh je“* – Geschichte zum Vorlesen von Christine MERZ; in: Was Kinder bewegt – Geschichten vom Zusammenleben (Vom Winter)
„Das Lied vom dicken Mann aus Schnee“, in: GROSSE-JÄGER 1989[5], S. 74ff. *„Wir bauen einen Schneemann“*, in: D. JÖCKER / L. KLEIKAMP: Und weiter gehts im Sauseschritt. Menschenkinder-Musikverlag.

5 Mit Tieren leben – Von Mäusen, Katzen und pfiffigen Pferden

Das Interesse von Kindern an Tieren aller Art ist groß. Tiere bewegen sich, drücken damit ihre Lebendigkeit aus, reagieren auf die Anwesenheit von Menschen, suchen ihre Nähe, wenn sie ihnen vertraut sind (Haustiere), oder fliehen, so schnell es ihnen ihre Fortbewegungsmöglichkeiten erlauben.

Tiere wecken bei Kindern Gefühle:

- Freude über einen Vogel, der sich auf dem Fensterbrett niederläßt;
- Angst vor einer Spinne, die plötzlich an einer Wand entlang kriecht;
- Interesse an einem Regenwurm, der sich über die Erde schlängelt,
- Heiterkeit über eine Katze, die einem vom Wind aufgewirbelten Blatt nachjagt;
- Erstaunen über einen Käfer, der eben noch über den Boden kroch und jetzt davonfliegt;
- Zärtlichkeit bei einem Kaninchen, das sie streicheln und auf den Arm nehmen dürfen.

Tiere beobachten, ihre Eigenarten erkennen, sie zu achten und als wichtige Teile der Natur zu respektieren, ist ein wesentlicher Erfahrungsbereich von Kindern.

Kinder identifizieren sich auch gern mit Tieren, spielen Hund oder Pferd, ahmen ihre Bewegungen und Laute nach und übernehmen selbst in Rollenspielen Tiergestalten.

Das Thema „Tiere“ ist für Kinder unerschöpflich: Sie in der Natur zu beobachten, von der Erzieherin etwas über ihre Lebensgewohnheiten zu erfahren, sie in einem Bilderbuch aus der Nähe genau zu betrachten, ein Bild von ihnen zu malen, ihre Bewegungen nachzuahmen, ein Lied, das von Tieren handelt, zu singen oder eine Geschichte über sie zu hören – all dies sind Erlebnisbereiche, die für Kinder eine unmittelbare Anziehungskraft haben und die ihre Neugierde wecken.

5.1 Schleichende Katzen – huschende Mäuse

Einstieg: Malte erzählt, daß seine Katze 4 kleine Katzenjunge bekommen hat. Wenn sie ein bißchen größer geworden sind, möchte er sie einmal in den Kindergarten mitbringen.

Malte berichtet, wie die Katzenmutter ihre Jungen bewacht, wie sie faucht und kratzt, wenn man die Kätzchen aus dem Karton, in den sie sich eingenistet hat, herausholen will.

Von nun an läßt das Thema Katzen die Kinder nicht mehr los: Auch auf dem Außengelände des Kindergartens haben die Kinder eine Katze entdeckt. Sie liegt oft in der Sonne auf einer Mauer und läßt sich sogar streicheln.

Gemeinsam beobachten die Kinder:

- wie die Katze ihren eigenen Schwanz zu fangen versucht,
- wie sie fast lautlos über die Weise schleicht,
- wie sie sich plötzlich mit einem langen Satz auf etwas am Boden Liegendes stürzt,
- wie sie eine Maus im Maul trägt und damit wegläuft.

In der Gruppe schließt sich ein Gespräch über Katzen an. Die Kinder sammeln, was sie von Katzen wissen: Daß es Hauskatzen und wilde Katzen gibt, von was sie sich in der Natur ernähren und womit sie gefüttert werden, vor welchen anderen Tieren sie Angst haben und welche sie selber jagen, welche Laute sie von sich geben und wie sie sich bewegen, wie sie – schleichen / – springen / – klettern / – schnurren / – kullern / – rennen.

- *Bewegungsspiele:*

Der Gruppenraum wird zum Katzenspielplatz: Die Kinder spielen Katzen und schleichen um die Stuhl- und Tischbeine herum; sie laufen und kriechen auf allen Vieren, kuscheln sich zum Ausruhen in einer Ecke auf eine Decke, spielen Nachlaufen, und überall ist lautes „Miau“ zu hören. Sie spielen mit Tennisbällen, huschen hinter ihnen her, ein Kind nimmt seinen Handschuh in den Mund und trägt ihn als Beute durch den Raum, so, wie es das bei der Katze, die eine Maus gefangen hatte, sehen konnte.

Aus diesen spontanen Bewegungsspielen lassen sich gemeinsam in der Gruppe und mit Impulsen durch die Erzieherin weitere Spielideen entwickeln. Da es im Gruppenraum meistens zu eng für großräumige Bewegungsspiele ist, werden sie – nach Möglichkeit – in den Bewegungsraum oder ins Freie verlagert.

Weiterführende Spielideen

- Eine Kletterlandschaft wird aufgebaut, an der die „Katzen" spielen, klettern und balancieren können. Da „Katzen" gerne von hohen Gegenständen herunterspringen, sollte der Boden nach Möglichkeit mit Matten oder Matratzen gepolstert werden.
- Die „Katzen" spielen mit Bällen und Reifen. Den Bällen jagen sie hinterher, rollen sie und kullern sich mit ihnen auf dem Boden; die Reifen werden auf dem Boden aufgestellt, einige Katzen versuchen, hindurchzuspringen. (Abb. 17)

Abb. 17

- Die „Katzen“ schleichen um einen verbotenen Topf Milch herum (auf dem Boden liegende Reifen oder Tennisringe). Sobald eine sich etwas zu nah an den „Topf“ heranwagt, wird sie von den anderen verscheucht. (Abb. 18)

- *Spielvorschlag: Mäuse und Katzen*

Mäuse sind eine beliebte Beute der Katzen. Eine Maus zu spielen ist viel „gefährlicher“, als Katze zu sein. Mäuse huschen ganz schnell um die Ecken, sie quieken und können sich gut verstecken. Katzen sind natürlich stärker als Mäuse, aber Mäuse sind schneller. Damit sie sich gegen die Katzen wehren können, spielt der größte Teil der Gruppe Mäuse, und es gibt nur wenige Katzen. Mäuse müssen sich auch vor den Katzen

Abb. 18

verstecken können, daher werden im Raum Stühle aufgestellt, die die Mauselöcher darstellen.
Die Mäuse huschen um die Stühle herum. Zwei Katzen schleichen von weitem an (leise und langsam, so daß die Mäuse möglichst nichts hören) und versuchen, die Mäuse zu fangen.
Die Katzen liegen in der Mitte des Raumes und halten einen tiefen Mittagsschlaf. Die Mäuse huschen um sie herum und nekken sie (quieken, kitzeln, ziehen vorsichtig am „Fell"). Plötzlich werden die Katzen wach und jagen den Mäuse hinterher. Wird eine Maus gefangen, bringt die Katze sie in ihr Versteck (Reifen, der in einer Ecke des Raumes liegt). Dort kann sie aber von einer noch freien Maus erlöst werden (durch Antippen) und wieder am Spiel teilnehmen.
Wenn die Katzen vom Jagen erschöpft sind, legen sie sich wieder auf ihren Schlafplatz und ruhen aus (evtl. bei einem weiteren Spieldurchgang 2 neue Katzen bestimmen).

* Drei große schwarze Katzen

Text und Melodie: Ludwig Voges

2. Die Maus im tiefen Keller
sitzt auf dem Käseteller
und schmeckt und schleckt und schmatzt.
Die Katzen schleichen leise

um sie herum im Kreise.
Wer sich die Maus wohl schnappt?

3. Da streiten sich die Katzen.
Sie schlagen und sie kratzen.
Die Maus verkriecht sich schnell.
Sie fauchen und sie kneifen,
sie zischen und sie kneifen,
und draußen wird's schon hell.

Die Kinder hören sich das Lied an.
Es schließt sich ein Gespräch über den Inhalt des Liedes an, in dem gemeinsam überlegt wird, wie man es spielen kann.
Beispiel: Auf dem Boden liegt ein Reifen (der Käseteller), im Raum werden Stühle verteilt (entsprechend der Anzahl der Katzen), die Öfen darstellen, vor denen die Katzen schlafen.
Ein Kind spielt die Maus, die sich zu Beginn am Rand des Raumes versteckt.

1. Vers: Die Katzen erwachen langsam, strecken, räkeln und putzen sich und werden langsam munter. Sie zeigen ihre Krallen und schleichen – wie im Text angegeben – im Raum umher.

2. Vers: Die Maus kommt aus ihrem Versteck und macht sich über den Käse her. Dabei bemerkt sie nicht, wie die Katzen um sie herumschleichen.

3. Vers: Die Katzen streiten sich. Durch den Lärm merkt die Maus, daß sie nicht allein ist. Sie macht sich aus dem Staube. Die Katzen streiten weiter und vergessen die Maus. Als es draußen hell wird, geben sie die Jagd auf und legen sich wieder hinter ihren Ofen. (Die Rückkehr zum Ofen kann von einem Nachspiel begleitet werden. Die Musik wird immer leiser, bis alle Katzen schlafen). Wiederholungen des Spielliedes (die meisten Kinder möchten einmal die Maus spielen) dienen zum Erlernen der Melodie und des etwas schwierigen Textes.

• *Einbeziehung von Instrumenten und Klangkörpern*

Wie lassen sich auf Handtrommeln die für Katzen und Mäuse charakteristischen Bewegungsformen darstellen:
Mäuse – leises Tippeln mit den Fingerspitzen.
Katzen – mit beiden Händen (abwechselnd mit der rechten und linken Hand) über das Trommelfell wischen.

Falls nicht für jedes Kind eine Handtrommel vorhanden ist, können auch Waschmitteltonnen oder Schuhkartons verwendet werden.

✻ Mäuse huschen leise

Text und Melodie: Ludwig Voges

Die Erzieherin singt das Lied, während die Kinder auf ihren Instrumenten die einzelnen Stimmen des Liedes begleiten.

Spielidee: Die Kinder knien in einem engen Kreis auf dem Boden. Ein Kind spielt die Katze. Während die Mäusemelodie gesungen wird, schleicht die Katze in langsamem Tempo (halbe Noten) um den Kreis herum. Ist das Lied zu Ende, bleibt die „Katze" stehen und schnappt sich die „Maus", die sie auf der Kreislinie gerade erreicht hat. Beide tauschen nun die Plätze: Die gefangene Maus wird zur neuen Katze. Das Spiel wird so lange fortgesetzt, bis alle Kinder, die dazu Lust haben, Katze gespielt haben.
Die Zweistimmigkeit wird erst durch Gesang (Mäuse) und Bewegung (Katze) dargestellt.

Zur Vorbereitung des zweistimmigen Singens werden anstelle des Textes einfache Silben eingesetzt.

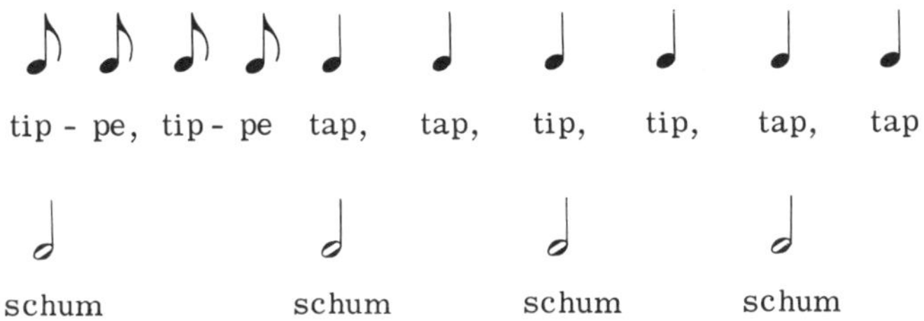

Zuerst beginnt die Katzenstimme. Wenn diese sicher ist, kommt die Mäusestimme dazu.
Anschließend wird das Lied mit dem richtigen Text gesungen.

► **Vorschläge für weitere Spiel- und Tanzideen zum Thema „Katzen und Mäuse"**
FREDRIK VAHLE: *„Katzentatzentanz"*, auf der LP „Anne Kaffeekanne" (Pläne Verlag). Eine nicht ganz einfache Melodie mit einem lustigen Text, der zum Spielen und Tanzen auffordert.
ROLF KRENZER / LUDGER EDELKÖTTER: *„Ich bin die kleine Maus"* auf der MC „Ich gebe Dir die Hände", ein einfaches Lied zum Singen für Kinder und zum Spielen mit verteilten Rollen (Katze-Maus)

5.2. Die Pferdeschule

Pferdchenspiele gehören zu den „Dauerbrennern" bei Kindern. Seile werden zu Pferdeleinen, die man einem anderen Kind umlegen kann, und schon hat man Zügel, an denen man das Pferdchen führen und so zu zweit durch die Räume galoppieren kann. Manchmal gibt es im Kindergarten auch richtige Pferdeleinen, sie sind allerdings zu nichts anderem zu gebrauchen als nur zum Pferdchenspiel und können nicht wie ein Seil je nach Spielanlaß immer wieder eine neue Bedeutung erhalten. Diese für Kinder aller Altersstufen attraktive Spielidee braucht also nur aufgegriffen zu werden. Hier erwerben und üben Kinder im Spiel eine Reihe von Grundbewegungsformen (gehen und laufen in einem bestimmten Rhythmus, hüpfen, springen) , sie lernen unterschiedliche Rhythmen kennen, voneinander unterscheiden und sich auch an die Bewegungen anderer anpassen.

- *Wir spielen Pferdeschule*

Pferde bewegen sich in verschiedenen Gangarten.
Welche gibt es? Die Kinder probieren aus, wie Pferde traben, galoppieren, springen oder im „Schritt gehen". Die Erzieherin kann die verschiedenen Gangarten begleiten (klatschen oder Klanghölzer) und so das Signal zum Gehen, Traben und Galoppieren geben. Mögliche Musikbegleitung: *„Bitte gib' mir doch ein Zuckerstückchen"* (Fidula-Verlag)

Junge Pferde müssen in die Pferdeschule, um dort die Gangarten zu lernen. In der *1. Klasse* üben sie zunächst gleichmäßiges Gehen.
Danach wird das Traben eingeführt
Wenn diese Gangarten beherrscht werden, geht es an den Galopp, die schnellste Fortbewegungsart.

Spiellied

✻ **Pferdelied**

Text und Melodie: Ludwig Voges

Später kommen die Pferde in die *2. Klasse*
Dort müssen sie lernen, sich auf der Stelle zu drehen, dann sich „auszuwenden" (laufen und sich dabei um die eigene Achse drehen).

In der *3. Klasse* können sie schon *Kutschpferde* sein. Ein Seil wird zum Zügel, ein anderes Kind spielt den Kutscher. Der Kutscher muß auch lenken lernen und vorsichtig das Pferdchen führen (Abb. 19). In der *4. Klasse* werden sie Reitpferde und vielleicht sogar Turnierpferde, die über Hindernisse springen. Ein *Parcours* wird aufgebaut: Eine Zeitungspapierrolle (Längsseite aufgerollt) wird zwischen zwei Stühle gelegt (geeignet ist auch die Innenpapierrolle von Geschenkpapier).

- *Wassergraben*

Eine Zeitung wird auf dem Boden ausgelegt.

- *Gangarten erraten*

Die Kinder sitzen mit geschlossenen Augen im Kreis. Ein Kind bewegt sich außen herum um den Kreis in einer der drei möglichen Gangarten. Schritt, Trab oder Galopp. Die Kinder im Kreis erraten, welche Gangart das Pferdchen ausgeführt hat.

- *Auf dem Weg zur Pferdeschule*

Wir begleiten die Pferdekinder auf dem Weg zur Pferdeschule:
Auf geht's!
Stalltür auf (öffnende Handbewegung)

Abb. 19

Stalltür zu (schließende Bewegung) Weiter geht's! (mit den Handflächen auf die Oberschenkel klopfen)
Sie kommen an eine Hecke.
Es geht nicht drunter durch (Armbewegung).
Es geht nicht rechts vorbei (beide Arme zeigen nach rechts).
Es geht nicht links vorbei (beide Arme zeigen nach links).
Da hilft nur rüberspringen (beide Hände patschen auf die Oberschenkel und werden dann im Bogen gehoben).
Sie kommen an eine Brücke,
es geht nicht drunter durch, es geht nicht rechts vorbei, es geht nicht links vorbei, da hilft nur rübergehen (beide Hände zur Faust geballt klopfen auf den Brustkorb). Weiter geht's!
Was ist das? Ist das die Schule? (Mit dem Finger in die Ferne zeigen.)
Nein, das ist nicht die Schule! (Kopfschütteln)
Weiter geht's!
Sie kommen an einen See.
Es geht nicht drunter durch.
Es geht nicht rechts vorbei, es geht nicht links vorbei, da hilft nur durchschwimmen! (Schwimmbewegungen machen).
Weiter geht's!
Da ist die Schule, Schultür auf (Armbewegung)
Schultür zu (Armbewegung).
Zuerst im Schritt gehen (entsprechenden Rhythmus klopfen) dann Traben üben (Rhythmus auf die Oberschenkel klopfen) und zum Schluß galoppieren alle (Rhythmus auf die Oberschenkel klopfen).
Um 12.00 Uhr ist die Schule aus. Schultür auf, Schultür zu. Auf geht es nach Hause.
Durch den See (Schwimmbewegung).
Über die Brücke (Klopfen auf den Brustkorb).
Über die Hecke (Sprungbewegung).
Stalltür auf, Stalltür zu. Ab ins Heu und Hafer fressen.

- *Spielidee für Eltern und Kinder*

Die Erwachsenen halten einen Reifen in den Händen. Die Kinder stehen im Reifen und spielen Pferdchen. Das Pferdchen führt und darf die Richtung und die Gangart vorgeben, die Erwachsenen folgen.
(Diese Spielidee ist natürlich auch für jeweils 2 Kinder geeignet) (Abb. 20)

Abb. 20

5.3 Tiere erkennen

- *Welche Laute gehören zu welchen Tieren?*

Die Kinder imitieren mit ihrer Stimme ein Tier, die anderen sollen herausfinden, um welches Tier es sich handelt (evtl. kann das Tier auch in Bewegung dargestellt werden).
Bei dieser Aufgabe ist es wichtig, Tiere mit typischen Geräuschen und Bewegungen zu finden.

- **Tierlaute hören**

Der Gruppen- oder Bewegungsraum wird zu einem Bauernhof. In jeder Ecke ist ein Stall, in dem nur Tiere von einer bestimmten Art leben (z. B. Kühe, Schafe, Hühner, Schweine).
Das folgende Wahrnehmungsspiel kann durch eine kleine Erzählung eingeleitet werden.

„Einmal hatten sich alle Tiere auf dem Hofgelände aufgehalten. Als sie am Abend wieder in ihren Stall wollten, war es schon ganz dunkel, und sie konnten nichts mehr sehen. In jedem Stall war aber ein Tier zurückgeblieben, das nun die anderen rief."

Die Kinder werden in 4 Gruppen eingeteilt. Sie stellen Tiere dar, die in den 4 Ställen leben. Mit geschlossenen Augen sollen sie auf die Geräusche, die aus den Ecken kommen, achten und versuchen, in ihren Stall zu finden.

- *Tiere raten*

Ein Kind denkt sich ein Tier aus. Mit den Fingern oder mit der ganzen Hand stellt es die Tierbewegungen auf einer Handtrommel vor. Die anderen Kinder versuchen, das Tier zu erraten und stellen es durch Bewegungen dar. Welches Tier ist gemeint? Das Kind mit der Handtrommel sucht sich ein Tier aus, von dem es meint, es könne das richtige sein. Trifft das zu, bekommt dieses Kind die Handtrommel und spielt ein neues Tier.

- *Tierpartner suchen*

Aus einem Memory-Spiel werden Tierkarten ausgesucht, es können auch Abbildungen von Tieren auf kleine Karten geklebt werden.
Von jeder Tierart müssen 2 Karten vorhanden sein.
Jedes Kind erhält eine Karte und hat die Aufgabe, den zu ihm gehörenden Partner zu finden. Dabei können verschiedene *Spielvariationen* ausprobiert werden:

Alle sitzen im Kreis, jedes Kind hat eine Karte. Das Kind beginnt, sein Tier in Bewegung darzustellen. Der entsprechende Partner kommt dazu.
Die Tierkarten werden in zwei Stapel aufgeteilt, so daß in jedem Stapel jeweils ein Bild von einer Tierart ist.
Die Kinder sind ebenfalls in zwei Gruppen aufgeteilt. Nachdem sie die Karten erhalten haben, zeigt eine Gruppe ihre Bewegungsformen, die andere beobachtet, und jeder ordnet sich seinem Partner zu.
Alle stellen gleichzeitig ihre Tierarten dar und suchen dabei ihre Partner (hier sollten Tierlaute zur Erleichterung miteinbezogen werden).

6

Die Traum- und Phantasiewelt – Von Hexenbesen, Nachtgespenstern und Zauberern

Gruselgeschichten von Gespenstern, Vampiren, Hexen und Zauberern lösen bei Kindern oft zwiespältige Gefühle aus. Einerseits finden sie sie spannend, andererseits rufen sie jedoch auch Angst hervor; Angst vorm Alleinsein, Angst vor Dunkelheit oder unbekannten Situationen. Ängste, eigentlich eine natürliche Schutzreaktion, können so stark werden, daß sie Neugierde und die daraus resultierende Bereitschaft, sich mit unbekannten Dingen auseinanderzusetzen, unterdrücken.
Diese Gefahr besteht für kleine Kinder um so mehr, seit Vampire, Monsterfamilien und „Ghostbusters" (Geisterjäger) über Fernsehen und Kassettenrekorder ungehindert und ebenso unreflektiert ins Kinderzimmer Einzug gehalten haben. Die Grenze zwischen Phantasie und Wirklichkeit wird durch die realistische Darstellung fließend und damit für Kinder undurchschaubar. Schon das ist ein Grund, sich im gestaltenden und darstellenden Bereich mit diesem Thema zu befassen und damit eine *Möglichkeit zum Abbau von Spannungen* und zum *Verarbeiten von Gefühlen* zu geben.
Durch das Anschauen von Bilderbüchern, das Zuhören und das „am Bilde erzählen" wird dem Kind bereits im vorschulischen Alter eine reiche Bilder- und Wortwelt zu eigen, bevor es selber lesen kann. Mit dem erweiterten Sprachschatz wird auch die Vorstellungswelt des Kindes bereichert. Motiviert von dem Gedanken, Kindern Angst zu nehmen, schuf Otfried Preußler die ursprünglich mythologisch unheimlichen Gestalten „Die kleine Hexe" und „Das kleine Nachtgespenst". Diese kindverwandten, spaßigen Wesen flößen keine Angst ein. Die kleine Hexe verwendet ihre Fähigkeiten sogar zur Verbesserung von Menschen und zur Vernichtung des Bösen.

6.1 Von Hexen und ihren fliegenden Besen

Einstiegsmöglichkeit: „Der Zauberstab" – Die Kinder sitzen im Kreis. In der Mitte liegt ein Gymnastikstab. Die Erzieherin beginnt: „Das ist jetzt kein Gymnastikstab, sondern ein „Zauberstab", der sich immer wieder neu verwandeln kann. Könnt ihr euch vorstellen, was der Stab jetzt z. B. ist?" Sie benutzt den Stab als Rührlöffel und rührt damit in einem – nicht sichtbaren – Topf. Die Kinder versuchen herauszufinden, welchen Gegenstand der Stab darstellt.

Nun kann ein Kind zeigen, in was sich der Stab verwandelt hat: in einen Kartoffelstampfer, einen Schraubenzieher, eine Flöte. (Abb. 21)
Zum Abschluß des Spiels stellt der Stab einen Besen dar, auf dem man reiten kann. Jedes Kind erhält einen Gymnastikstab

Abb. 21

und reitet mit ihm durch den Raum, ohne ein anderes Kind zu berühren.

- Der „Besen“ fliegt gerade, runde Raumwege.
- Der „Besen“ fliegt auf einmal nur eckige Raumwege.
- Der „Besen“ fliegt langsam – schnell.
- Der „Besen“ ist bockig, müde usw.

Oft werden Hexen mit einem Besen dargestellt.

✻ **Hexenbesenlied**

Text und Melodie: Ludwig Voges

Die Erzieherin sollte den Kindern zuerst den Refrain vorsingen, dieser wird dann von den Kindern übernommen.

2. *Refrain*

Manchmal bockt er,
manchmal stockt er,
tut nicht, was er soll.
Manchmal ruckt er,
manchmal zuckt er,
treibt es wirklich toll.

3. *Refrain*

Wenn der Wind weht,
und die Nacht geht,
fliegen wir nach Haus.
Unsre Reise
endet leise
Schluß, das Spiel ist aus.

Die *Verse* können zunächst gesprochen und in Bewegung dargestellt werden („Sausen-brausen"). Der *Refrain* kann dann von den Kindern mitgesungen werden (ohne Bewegung, da sonst das Singen im Hintergrund steht), bei den Versen singt die Erzieherin weiter, die Kinder „sausen" und „brausen" auf ihrem „Hexenbesen" durch den Raum. Der Vers ist das Zeitmaß, das den Kindern die Dauer der freien Bewegungsmöglichkeiten angibt.
Haben die Kinder Spaß an diesem Spiel, kann die Erzieherin ihnen ein Kapitel aus dem Buch „Die kleine Hexe" von Otfried Preußler vorlesen und daran ein Gespräch anschließen, wie sich die Kinder Hexen vorstellen und aus welchen Geschichten sie noch von Hexen gehört haben (z. B. Hänsel und Gretel).
In Gegenden, in denen Fastnachts-(Faschings-)Bräuche zu Hause sind, kann die Erzieherin zwanglos daran anschließen.

► **Weiterführung der Spiel- und Tanzideen zum Thema Hexe:**
Lied: „Die alte Morrhexe". MARGARETE und WOLFGANG JEHN (eres-Musikverlag)
Spiellied: „Hexentanz", in: ROLF KRENZER / LUDGER EDELKÖTTER: Du, ich geh' einfach auf Dich zu. (Impulse-Musikverlag)
„Im Kuckucksland – da ist die Welt verhext", in: THILDE LORENZ: Rummelbummel (Fidula-Verlag)
Sprechreim: „Die dürre Hexe Plitsch – platsch – plum" (LEMMERMANN O. J.)

6.2. Nachtgespenster

Einstieg: Wer hat schon mal ein Gespenst gesehen?
Im Gespräch wird zusammengetragen, wie Kinder sich Gespenster vorstellen.

- Wo leben sie?
- Wo schlafen sie?
- Wie sehen sie aus?
- Wann stehen sie auf?
- Wann könnte man sie sehen?
- Gibt es sie wirklich?

Auf jeden Fall sollte die Erzieherin den Kindern erklären, daß Gespenster nur erfundene Gestalten sind und daß es sie in Wirklichkeit nicht gibt. Ansonsten besteht gerade bei kleinen Kindern die Gefahr, daß sie Spiel, Phantasie und Realität nicht mehr voneinander unterscheiden können und u. U. Ängste entstehen.

Das Hineinschlüpfen in die Gestalt eines Gespenstes ermöglicht die Identifikation mit einem unbekannten „Wesen", das in vielen Geschichten, Filmen und Liedern vorkommt und manchmal auch in der eigenen Phantasie auftaucht.

Selbst ein Gespenst spielen, Gespenstertöne erzeugen, sich in einen Gespenstermantel hüllen und damit „umherflattern" zu können, löst Spannungen und nimmt viel von der Angst, einem solchen Wesen nicht gewachsen zu sein.

- *Gespenstspiel:*

In der Nacht von 12 bis 1 Uhr ist Gespensterstunde. Wir tricksen die Gespenster aus, sagen ihnen, es sei 12 Uhr nachts, so daß sie aus ihrem Versteck herauskommen.
Mit welchem Instrument kann man eine Turmuhr darstellen? (z. B. Gong, Handtrommel). Wenn sie 12 mal schlägt, fängt die Geisterstunde an. Die Kinder hören und differenzieren zwischen wenigen und vielen Tönnen (es ist nicht erforderlich, bis 12 zählen zu können, „viele" Töne bedeuten 12 Uhr). Bei 12 dürfen alle Kinder Gespenster spielen (u. U. kann der letzte Schlag deutlich verstärkt werden, er ist das Signal zum Aufwachen der Gespenster). (Abb. 22)

Abb. 22

Requisiten: Was braucht man, um Gespenst zu sein? (Gardinen, Tülltücher, Bettlaken; durch die Gardinen kann man hindurchsehen – sie fliegen und schweben gut).

- *Musikgespenster*

In einem *Musikladen* leben *Musikgespenster.* Sie bewegen sich und tanzen nur, wenn sie Musik oder Töne hören. Ist die Musik zu Ende, brechen sie die Bewegungen ab. Die Gespenstermusik kann mit unterschiedlichen Instrumenten (Triangel, Becken) oder Geräuschquellen (Schlüsselbund, Raschelbüchsen etc.) erzeugt werden. Gut geeignet ist auch ein Heulrohr, das heulende Töne erzeugt, wenn man es in der Luft schnell kreisen läßt (Leerrohre aus dem Baumarkt).

- *Geräuschrolle*

Eine leere Papierrolle wird an einem Ende mit Butterbrotpapier verklebt; wenn man hineinsingt, kann man schaurige Töne produzieren.

- *Male, solange du etwas hörst*

Die Gespenster wollen einen Brief schreiben, ein Bild malen.

Mögliche Instrumente:
lang klingende: Becken, Triangel, Metallophon, Cimbeln
kurz klingende: Klanghölzer, Handtrommeln, Holzblock.

Die Kinder haben große Blätter. Die Erzieherin oder ein Kind schlägt ein Instrument an, die Gruppe malt, solange der Klang zu hören ist.
Bei der Triangel kann man z. B. lange Linien, Kreise, Wellen malen, während es bei den Klanghölzern nur kleine Punkte gibt. Es gilt, die Klangdauer in Bewegung umzusetzen: lang – kurz.

- *Nachtgespenstertanz*

Materialien zur Vorbereitung:
große Pappkartons, Fingerfarben
Gegenstände zum bekleben (Joghurtbecher, Papierstreifen)
leere Toilettenpapierrollen, Butterbrotpapier
Bettlaken, große Decken oder Folien

Wir bauen ein *Gespensterbett* aus Pappkartons. Bevor die Kartons mit Farbe usw. in Gespensterbetten verwandelt werden, sollte den Kindern in einer freien Spielphase die Möglichkeit gegeben werden, sich mit dem Material auseinanderzusetzen, ohne es jedoch zu zerstören.

● *Tanzidee unter Einbeziehung von Musik*

Die Kinder sitzen in Bettlaken oder Gardinen gehüllt mit der Geräuschrolle in ihrem Gespensterbett versteckt.
Es ist ganz ruhig.

● Ein Kind außerhalb des Kartons schlägt 12 mal auf eine Triangel. Es ist Geisterstunde!
● In die Betten kommt Bewegung. Geräusche werden hörbar, nach und nach steigen Gespenster heraus.

Musikvorschlag: W. HUYER-MAY: „Hi, hu, ha, neunzig mal neunzig Gespenster sind da". Die Gespenster tanzen nach der Musik frei im Raum. Sie schwingen ihre Gardinen oder Bettlaken um sich herum und machen dabei mit ihrer Stimme Gespenstertöne. – Die Nachtgespenster werden müde, die Bewegungen langsamer, der Einsatz der Stimme geringer. Lautes Gähnen wird hörbar.

✻ Nachtgespenster-Schlaflied
Seite 102

Text und Melodie:
Winfried Huyer-May
WHM-Musikverlag
8000 München 60,
Oswaldweg 14
(Abdruck mit freundlicher Genehmigung des Verlages)

Die Nachtgespenster gehen langsam zu ihren Betten zurück und verkriechen sich in ihnen. – Von der Turmuhr (Triangel) schlägt es 1 Uhr. Die Geisterstunde ist vorbei. Nichts ist mehr zu hören.

► Hinweise zur Weiterführung des Themas:
Vorlesen bzw. Erzählen der Geschichte „Das kleine Gespenst" von O. PREUSSLER.
„Gespensterlieder" von WINFRIED HUYER-MAY.
„Darstellendes Spielen und Tanzen". In: ZIMMER, R., Spielformen des Tanzens, 1988.

Nachtgespenster-Schlaflied

6.3. Die Gespensterschule

Das folgende Lied kann mit einer *Geschichte* eingeleitet werden:

„In meinem letzten Urlaub war ich in einem Dorf, das von hohen Bergen mit dunklen Wäldern umgeben war. Ich hörte, daß es in der Nähe eine alte, verfallene Burgruine gäbe. In dieser Burg sollte es nicht geheuer sein. Ich wurde sehr neugierig und fragte, wie ich dieses Schloß wohl finden könnte. Die alten Leute im Dorf rieten mir von einem Besuch der Burg ab. Aber jetzt wollte ich erst recht wissen, was dort passierte. Außerdem glaubte ich nicht an Gespenster. Endlich war jemand bereit, mir den Weg zu beschreiben. Am nächsten Tag machte ich mich auf den beschwerlichen Weg. Der Weg war steil und wandt sich in engen Schleifen den Berg hinauf. Als ich endlich die Ruine erreichte, stand die Sonne schon tief am Horizont. Bald wurde es finster um mich herum. Die Nacht war warm, und ich legte mich am Fuße des Burgturmes schlafen. Ich weiß nicht, wie lange ich dort gelegen hatte. Die 12 Schläge der Turmuhr unten aus dem Dorf weckten mich. Es war Mitternacht. Und nur einen Moment später hörte ich, erst ganz leise, seltsame Töne. Sie kamen immer näher, wurden immer lauter. Ich versteckte mich im Schatten der Bäume. Und dann sah ich sie. Flatterhafte Wesen flogen aus allen Himmelsrichtungen herbei und setzten sich auf die Zinnen des alten Turmes. Zum Schluß kam ein großes Gespenst. Erst fühlte ich mich sehr unwohl. Doch dann wuchs meine Neugier, und ich beobachtete, was dort oben vor sich ging. Ich glaube, daß ich der erste Mensch war, der eine richtige Gespensterschule gesehen hat. Auf dem Stundenplan dieser Nacht stand: „Wie spielen Menschenkinder Gespenster?“

Im Anschluß an diese Geschichte kann man mit den Kindern überlegen, wie sich die Menschen Gespenster vorstellen. Wie ein Gespenst wirkt: z. B. das „Kürbis- oder Rübengespenst“ (ein Kürbis oder eine Rübe werden ausgehöhlt, ein Gesicht wird hineingeschnitten und eine Kerze reingestellt).

Spiellied

✻ Buhuu, Buhaa, das Nachtgespenst ist da

Text und Melodie: Ludwig Voges

2. Steck' ihn auf einen Besen
mit einem Tuch darum,
dann schleich' ich durch die Straßen,
ein Nachtgespenst geht um.
Buhuu, Buhaa ...

3. Seh' ich ein off'nes Fenster,
mach' ich Gespenstertöne,
und schaut jemand heraus,
dann klappern seine Zähne.
Buhuu, Buhaa ...

Darstellung der musikalischen Form „A B".
Instrumente: Großes Hängebecken (Turmuhr), Guiro (knarrende Tür) (Abb. 23)
Die Kinder überlegen gemeinsam, mit welchen Bewegungen der Inhalt des Liedes begleitet werden kann (Aushöhlen des Kürbisses, Einschnitzen des Gesichtes, Zähneklappern usw.

Abb. 23

- *Spielideen*

Zuerst wird der Turm (Gespensterschule) aus Stühlen aufgebaut (großer Kreis mit Lücken zwischen den Stühlen). Die Gespenster verstecken sich und warten, daß die Turmuhr 12mal schlägt. Dann knarrt die schwere Tür des Versteckes. Mit schaurigen Tönen kommen alle heraus und flattern um den Turm herum. Jetzt beginnt das Lied mit dem *Refrain.* Ist dieser zu Ende, sitzen alle Gespenster auf ihrem Platz. Der Unterricht beginnt. Der erste *Vers* ist auch die erste Stunde.
Der Refrain ist die Schulpause. Pünktlich zur zweiten Stunde sitzen alle auf ihrer Zinne. Nach dem dritten Vers ist die Gespensterschule vorbei. Zum Refrain fliegen die Geister langsam wieder zurück zu ihrem Versteck. Jetzt schlägt die Turmuhr einmal. Der Spuk ist vorüber.
Die schwere Tür knarrt und fällt ins Schloß (Schlag auf das Bekken, Ton sofort abdämpfen).

Hervorheben der musikalischen Form: A B
A: pantomimisches Darstellen der Handlungen (Kürbis aushöhlen, ihn auf einen Besen stecken)
B: Refrain (Schulpause): Die Gespenster flattern um den Turm, am Ende des Refrains sollen sie wieder auf ihrem Platz sitzen.

- *Gespensterlaterne*

Einfacher als das Herstellen einer Kürbis- oder Rübenlaterne ist der Gespensterballon: Ein dicker Luftballon wird mit fünf Schichten Zeitungspapier beklebt (als Kleber Tapetenkleister verwenden). Oben bleibt eine Öffnung von ca. 15 cm. Nach der zweiten Papierschicht wird ein Ring aus dünnem Draht um die Öffnung gelegt und mitverkleistert. Dadurch wird der Rand verstärkt und der Aufhängedraht kann später nicht ausreißen. Wenn das Papier getrocknet ist, wird eine Fratze aufgemalt und mit einem scharfen Messer ausgeschnitten. Als nächstes wird die Laterne mit gut deckender Farbe bemalt. Jetzt fehlt nur noch der Aufhängedraht (Blumenbindedraht) und ein Stab zum Halten.

6.4. Und noch mehr „Geister“

• Zappelgeister

Ein Kind träumt: Es ist Pirat, hat eine Schatzkarte und sucht einen Schatz auf einer einsamen Insel. Er nimmt einige Freunde mit, die leise über die Insel schleichen. Mitten auf der Insel stoßen sie auf einem unheimlichen Berg (Kinder haben sich unter einem Schwungtuch versteckt).

Die Kinder betrachten den „Berg“ genauer und tasten ihn ab. (Abb. 24) Dabei beginnt der Berg, sich langsam zu bewegen, er verändert seine Form. Plötzlich kommen Gestalten aus dem Berg heraus, die sich nicht normal bewegen, sondern wild mit Armen und Beinen „zappeln“, es sind die *Zappelgeister.* Auf ein Signal verschwinden alle wieder unter dem Tuch. Die Kinder treffen nicht nur auf Zappelgeister, sondern auch auf

- Schleichgeister
- Hüpfgeister
- Renngeister
- Flüstergeister
- Stolpergeister usw.

Weitere Geister können auch von den Kindern erfunden werden.

Abb. 24

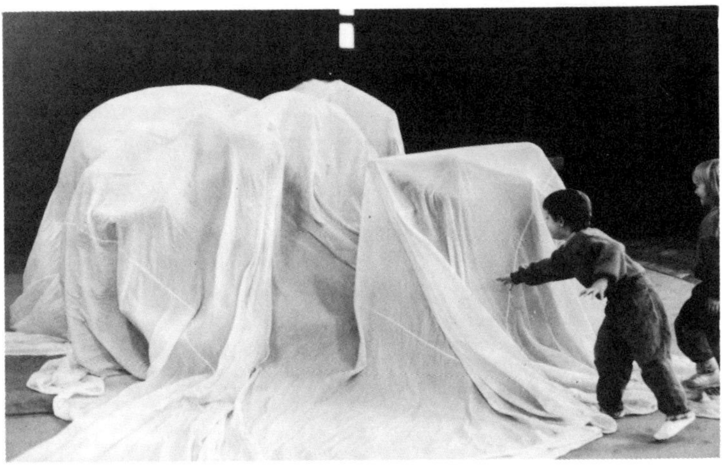

• *Waldgeister im Nebelwald*

Wir stellen uns vor: Auf dem Heimweg durch den Wald wird ein Kind vom Nebel überrascht. Der Nebel ist so dicht, daß nichts mehr zu sehen ist. Das Kind bekommt Angst. Aber die „guten Geister des Waldes" leiten das Kind mit ihren Klängen sicher nach Hause.

Ein Kind schließt die Augen (evtl. kann ihm auch ein Tuch über den Kopf gelegt oder – wenn es will – können ihm die Augen verbunden werden). Die anderen spielen die Waldgeister, nehmen sich ein Instrument und verteilen sich im Raum.

Das Kind mit den geschlossenen Augen wird vorsichtig einige Male gedreht. Auf ein Handzeichen beginnt der Waldgeist, leise auf seinem Instrument zu spielen; das Kind geht auf diesen Klang zu. Kurz bevor es den Geist erreicht, spielt ein anderer sein Instrument. Das Kind ändert seine Richtung und bewegt sich auf diesen Klang zu. (Abb. 25)

Abb. 25

Neben dem spannenden Erlebnis, sich im dunklen Raum mit Hilfe von Klängen und Geräuschen orientieren zu können, wird bei diesem Spiel vor allem die *akustische Wahrnehmung* und das *Richtungshören* geübt. Es erfordert von den Kindern allerdings auch viel Konzentration, da nicht alle Kinder gleichzeitig aktiv sein können und mit Nachlassen der ersten Spannung leicht Unruhe eintritt, die das „blinde“ Kind in seiner Wahrnehmungsfähigkeit stört.

Die Gruppe sollte daher für dieses Spiel nicht zu groß sein, u.U. kann die Gesamtgruppe geteilt werden.

6.5. Allerlei Verzauberung

• *Verzaubern*

Zu einer von den Erziehern improvisierten Begleitung (Handtrommel, Klatschen oder Stabspiele) bewegen sich die Kinder nach eigenen Vorstellungen frei im Raum. (Hierzu kann auch eine bewegungsanregende Musik von einer Schallplatte oder Musikkassette verwendet werden. Sie sollte allerdings rein instrumentell sein, da Kinder durch einen Text oft von der eigentlichen Spielaufgabe abgelenkt werden).
Wird die Begleitung oder die Musik abgebrochen, sind die Kinder verzaubert und verharren in ihrer gerade eingenommenen Körperhaltung. Setzt die Begleitung wieder ein, ist der Zauberbann aufgelöst und alle können sich wieder frei im Raum bewegen.
Anregung: Die Kinder sollen sich wie Schnecken, hoppelnde Hasen, Riesen usw. bewegen.
Variation: Das plötzliche Innehalten in der Bewegung kann auch durch einen *Zauberspruch* aufgelöst werden.

• *Zauberkim*

Als *„Kim-Spiele“* werden alle die Spiele bezeichnet, bei denen Kinder sich Gegenstände, die sie zuvor gesehen, ertastet oder auf eine andere Art wahrgenommen haben, merken und dann wieder erkennen oder wiedergeben sollen.

Ihren Namen haben diese Spiele nach einem Buch von R. Kipling: Ein Junge namens Kim trifft auf seiner Abenteuerreise durch Indien auf einen kleinen Hindu-Jungen, der die Fähigkeit besitzt, viele Gegenstände auf einen Blick zu erfassen und sich zu merken. Kim ist davon fasziniert und bittet den Hindu-Jungen, mit ihm zu üben. Bald ist er ebenso gut wie sein kleiner Lehrer. Als Kim weiterwandern muß, helfen ihm die neu erworbenen Fähigkeiten sehr, weitere Abenteuer zu bestehen.

- Folgende **Spiele** können zum Üben dieser Fähigkeiten durchgeführt werden:

Auf einem Tisch oder auf dem Boden liegen ca. 10 Gegenstände, die sich die Kinder in Ruhe anschauen und merken sollen. Ein Kind ist das Zauberkind. Während die anderen im Raum umhergehen oder laufen, deckt es die Gegenstände mit einem großen Tuch ab und läßt einen Gegenstand in einem Beutel verschwinden. Auf ein Signal (Handtrommel oder Triangel) ruft das Zauberkind die anderen herbei, sagt den *Zauberspruch:*

> „Lirum, Larum, Schnirgelschreck.
> Katzenhaare, Mäusedreck,
> eins der Dinge ist gleich weg“

und zieht die Decke ab. Die anderen erraten, welcher Gegenstand entfernt wurde.

- *Variation*

Spannend ist dieses Spiel auch, wenn nicht ein Gegenstand, sondern eines der Kinder verschwindet. Hierbei sitzen die Kinder in der Mitte des Raumes (ohne daß sie miteinander Körperkontakt haben) und halten sich die Augen zu. Die Erzieherin sagt den Zauberspruch und ändert dabei den letzten Satz: „... eins der Kinder ist gleich weg“. Währenddessen steht eins der Kinder leise auf und versteckt sich hinter einer Faltwand oder hinter einer Matratze. Die anderen versuchen herauszufinden, welches Kind in der Gruppe fehlt.

► **Weiterführende Ideen:**

„Der Zauberer von Akurairi“. In: Rolf Krenzer/Ludger Edelkötter: Hast Du etwas Zeit für mich. (Impulse-Musikverlag)

„Schrippel – Schrappel – huckebein“. Lied vom Zauberer Schrappelschrut. In: L. u. D. Jöcker/L. Kleikamp: 1, 2, 3 im Sauseschritt (Menschenkinder Musikverlag)

7 In der Welt der Technik – Von Robotern, Bummelzügen und klappernden Autos

Zur Lebenswirklichkeit von Kindern gehört heute auch die Technik, die Automatisierung und Motorisierung ihrer unmittelbaren Lebensumwelt. Trotz aller Hilflosigkeit und Ohnmächtigkeit, mit der Kinder den mechanisierten Vorgängen und der undurchschaubaren Technik gegenüberstehen, sind sie doch von Maschinen, technischen Geräten oft fasziniert, interessieren sich für jede Art motorisierter Fortbewegungsmittel, auch wenn sie die technischen Zusammenhänge noch nicht begreifen können.

Im Kindergarten können solche Eindrücke aufgearbeitet werden, indem sie im Erfahrungsaustausch mit anderen und entsprechend dem eigenen Verständnis im Spiel aufgegriffen, wiederholt und in einen Handlungszusammenhang gebracht werden.

So kann ein Kind berichten von Erlebnissen, die es bei einer Busfahrt gesammelt hat; aus Stühlen, Kisten oder Rollbrettern wird ein Bus gebaut, oder mehrere Kinder spielen dicht hintereinanderstehend einfach selber einen Bus und „fahren" mit den entsprechenden Geräuschen durch den Raum. In diesen Spielen können unterschiedliche Rollen eingenommen werden (Schaffner, Busfahrer, Fahrkartenverkäufer, Fahrgäste usw.). Hier können die Kinder selber handeln, verschiedene Rollen ausprobieren, sich aktiv mit einer Situation auseinandersetzen.

Zum Spiel gehören Requisiten, wie z. B. eine Schaffnermütze und -jacke, Papierkarten, die vom Schaffner gestempelt oder in einen Entwertungsautomaten (Locher o. ä.) gesteckt werden.

Die folgenden Spielideen und Spiellieder zum Thema Technik/Verkehr sollen Anregungen geben, in Bewegungsspielen und einfachen Tanzgestaltungen situative Erlebnisse der Kinder aufzugreifen, zu vertiefen, an andere weiterzugeben und sie mit ihnen zu teilen.

7.1. Der Roboter Mick-Mack

Bereits im Kindergartenalter kennen viele Kinder Roboter und Computer. Manche haben einen Roboter als Spielzeug, und die Erzieherin und manche Eltern – auch wenn sie dieser Entwicklung auf dem Spielzeugmarkt skeptisch und kritisch gegenüberstehen – können nicht einfach darüber hinwegsehen, daß Kinder fasziniert sind von den menschenähnlichen Maschinen, ihren abgehackten Bewegungen, ihrem kantigen und eckigen „Körper". Die Funktion eines Roboters in der automatisierten Fabrikation von Gegenständen oder Maschinenteilen ist für Kinder im Kindergartenalter kaum verständlich. Einfacher ist es, sich einen Roboter als „lebende Maschine" vorzustellen, die sich bewegen, Geräusche produzieren und sogar sprechen kann.

- *Wie sieht ein Roboter aus?*

Mit den Kindern können aus Kartons Roboter gebaut werden. Hierzu braucht man verschiedengroße Kartons, die – aufeinandergesetzt und mit Arm- und Halslöchern versehen – den Rumpf und den Kopf des Roboters darstellen.

- *Wie bewegt sich ein Roboter?*

Sind seine Bewegungen rund oder kantig, fließend oder abgehackt, großräumig oder kleinräumig, bewegt er sich wie ein Mensch oder wie eine Maschine? (Abb. 26)

Zunächst sollte mit den Kindern besprochen werden, wie sie sich einen Roboter vorstellen.
Alle genannten Bewegungsqualitäten müssen ausprobiert, gezeigt, bei anderen angeschaut, miteinander besprochen werden.

- *Welche Geräusche macht ein Roboter?*

Eine Robotermaschine bewegt sich nur selten lautlos. Welche Geräte oder Instrumente können zum Produzieren von passenden Geräuschen gefunden werden? (scheppernd und blechern klingende Geräuschquellen, wie z. B. aneinandergeschlagene Topfdeckel, Schlüsselbund, Klanghölzer usw.)

Die Erzieherin oder ein Kind gibt mit einem der „Instrumente" ein gleichbleibendes Metrum vor (zunächst nicht mehrere Geräuschquellen gleichzeitig einsetzen, da sonst ein völlig unstrukturierter Lärm entsteht), die Roboter bewegen sich dazu im Raum.
Das Tempo der Begleitung wechselt ab und zu: Mal bewegen sich die Roboter langsam, mal ganz schnell.

- *Partneraufgaben:*

Bevor ein Roboter sich bewegen kann, muß er „angeschaltet" werden. Jeweils zwei Kinder bilden Partner. Eines ist der Mechaniker. Wenn er an dem Anschaltknopf des Roboters dreht, setzt sich dieser in Bewegung; drückt er den Ausschaltknopf, bleibt der Roboter stehen (Der Roboter darf bestimmen, wo sich an seinem Körper der An- und Ausschaltknopf befindet).
Der Roboter kann auch Körpergeräusche erzeugen (z. B. abgehackt sprechen „Ich bin ein Roboter ..." oder einfache Silben wiederholen, z. B. „bib bib".).

Abb. 26

Abb. 27

• Einbeziehung der Kartons in das Bewegungsspiel:

Das Roboterspiel wird durch die Einbeziehung von Kartons noch vorstellungsbetonter und weckt die Phantasie der Kinder: Jedes Kind entscheidet, ob es sich lediglich einen Karton überstülpt (der Kopf bleibt frei) oder auch seinen Kopf mit einer Kiste (mit Augenlöchern) bedeckt (Das Sehfeld wird hier erheblich eingeschränkt, was bei jüngeren Kindern Angst auslösen kann). (Abb. 27)

► *Vorschläge für Spielideen zum Thema Roboter:*
„Lustiges Roboterspiel", in: Barbara Cratzius: Herbst im Kindergarten
„Mein nagelneuer Roboter", in: D. Jöcker/L. Kleikamp: Und weiter gehts im Sauseschritt (Menschenkinder Musikverlag).

• Spiel mit selbstgebastelten Instrumenten

Begleitung zum Lied *„Ich bin ein Roboter und heiße Mick-Mack"*
Instrumente: Schreitdosen, Ratschen, Rasseln (siehe Bauanleitung), Topfdeckel (möglichst mit flachem Rand)

Schreitdosen für „Mick-Mack"

Material:
3 Blechdosen
unterschiedlich in Größe
und Durchmesser
3 Kronkorken
Blumendraht (ca. 80 cm)
1 Rundholz (∅ 10-15 mm, Länge ca. 10 cm)
Werkzeug:
Hammer, Kneifzange, kräftiger Nagel, Holzbrett

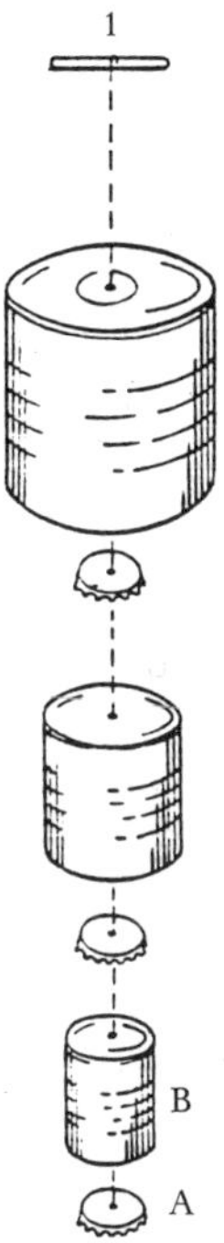

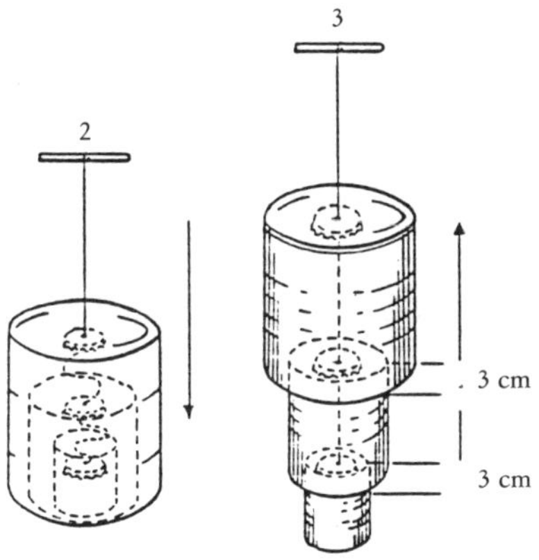

Mit dem Nagel werden in die Mitte der Dosenböden und Kronkorken (Holzbrett als Unterlage) Löcher geschlagen. Der Blumendraht wird am ersten Kronkorken befestigt (A). Die kleinste Dose wird aufgezogen (B). Bevor der nächste Kronkorken befestigt wird, muß die Distanz zur folgenden Dose ausgemessen werden. Wichtig: Die zweite Dose muß etwa 3 cm über die unterste Dose greifen (siehe Skizze 3). Das gleiche wird mit dem nächsten Kronkorken und der letzten Dose gemacht. Zum Schluß wird das Rundholz am Draht befestigt. Die Länge des Drahtes richtet sich nach der Größe des Kindes. Wenn der Arm angewinkelt ist, sollte die unterste Dose etwas über dem Boden schweben.

Rassel

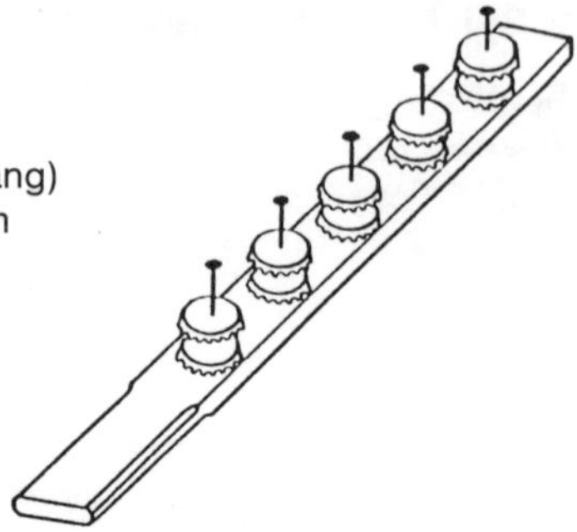

Material:
10 Kronkorken
5 Nägel mit Plattenkopf (ca. 5 cm lang)
1 Holzleiste (4 × 2 cm), Länge 30 cm

Werkzeug: Hammer, Nagelbohrer, kräftiger Nagel, Holzbrett

Mit dem Nagel werden Löcher in die Kronkorken geschlagen (Holzbrett als Unterlage).
In gleichen Abständen werden Löcher für die fünf Nägel leicht vorgebohrt. Damit das Holz nicht spaltet, werden die Nagelspitzen mit Hammerschlägen abgestumpft. Dann werden die Nägel mit jeweils 2 Kronkorken in die Holzleiste geschlagen. Falls die Holzleiste zu scharfe Kanten hat, werden sie an der Griffseite abgeschliffen.

Ratsche

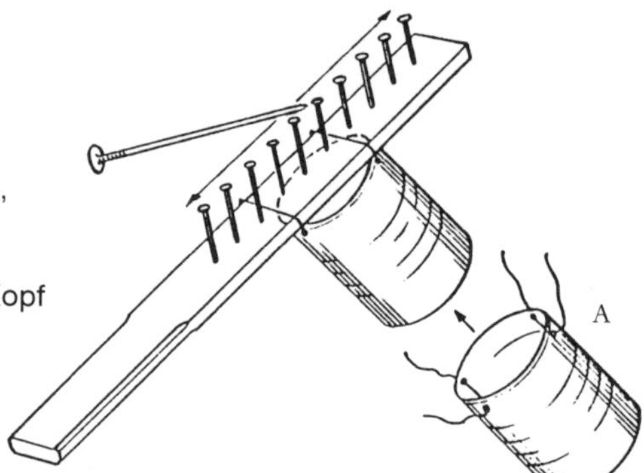

Material:
1 Holzleiste (4 × 2 cm), Länge 30 cm
1 Konservendose
10 Nägel mit plattem Kopf (ca. 6 cm lang)
Blumendraht
1 langer Nagel als Schlegel

Werkzeug:
Hammer, Kneifzange, Nagelbohrer, kräftiger Nagel, Holzbrett
Im Abstand von ca. 1,5 cm werden mit dem Bohrer die Nagellöcher vorbereitet. Die Nägel werden an der Spitze abgestumpft und eingeschlagen. Die Kanten an der Griffseite werden leicht abgerundet. Damit die Ratsche lauter klingt, wird eine Konservendose unter den Nägeln befestigt. Mit einem starken Nagel werden 4 Löcher (siehe Skizze A) in die Dose geschlagen. Durch sie werden 2 ausreichend lange Drähte gezogen. Dann wird die Nagelleiste auf die Dose gelegt. Die Drahtenden werden um die Leiste gebogen und verzwirbelt. Die überstehenden Drahtreste werden mit der Kneifzange gekürzt und umgeknickt.

- **Spiellied**

*** „Roboter Mick-Mack"**

Text und Melodie Ludwig Voges

2. An meinem Körper, da ist alles eckig,
und meine kurzen, starken Arme streck' ich. [kratsch),
||: Mag keinen Rost (kritsch-kratsch), werd' nicht gern naß (kritsch-
dann macht das Zick-Zack-Laufen keinen Spaß. :||
3. Mein bester Freund hat eine Autowerkstatt.
Hab' ich 'ne Beule, macht er mir das Blech glatt.
||: Er hämmert hier (kling-klang), er hämmert dort (kling-klang),
und ruck-zuck ist die Beule wieder fort. :||
4. Am liebsten ess' ich Oelsuppe mit Schrauben,
und auch mit Nägeln, das könnt ihr mit glauben. [schmatz)
||: Danach Brot (schmitz-schmatz) aus Draht und Fett (schmitz-
und dann leg' ich mich in mein Eisenbett. :||
5. Bin ein Roboter und heiße Mick-Mack ...

Die Instrumente werden nur am Anfang, zwischen den Strophen und am Ende bzw. an den im Lied angegebenen Stellen eingesetzt.

Schreitdosen
Für die Schritte des Roboters hält der Spieler in jeder Hand die Schreitdosen und läßt sie in ruhigem Tempo abwechselnd auf den Boden schlagen.

(pro Takt zwei Schläge) 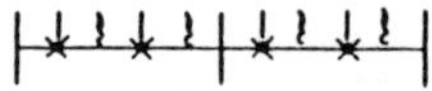

Ratsche
Sie begleitet die Schreitdosen im gleichen Tempo. Dabei wird der Schlegel (langer Nagel) an den stehenden Nägeln ruckartig auf- und abgezogen.

(pro Takt zwei Schläge) 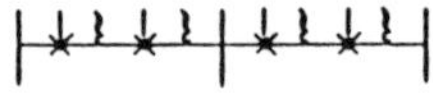

Rassel
Die Rassel wird leicht in die linke Hand geschlagen.

(vier Schläge pro Takt) 

Topfdeckel
Die Topfdeckel werden wie Becken gegeneinandergeschlagen, am Anfang eines jeden Taktes.

(ein Schlag pro Takt) 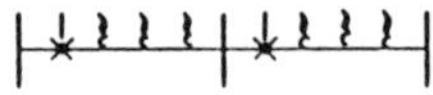

Vorspiel, Zwischenspiel und Nachspiel dauern jeweils acht Takte. Die Instrumente setzen im Abstand von zwei Takten ein.

Schreitdosen

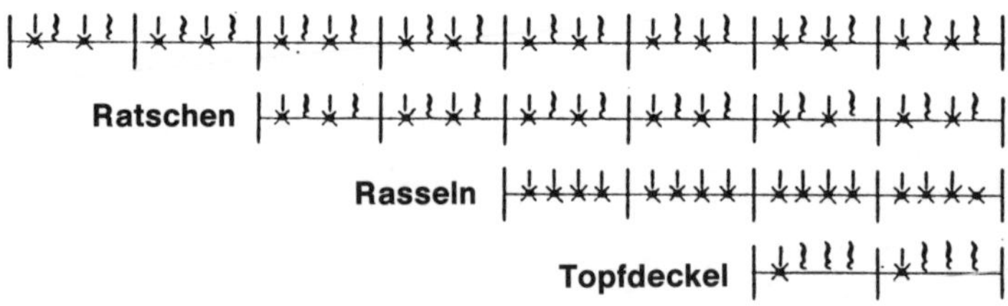

Während des Liedes werden die Instrumente einzeln gespielt, und zwar nur an den bezeichneten Stellen am Anfang und am Ende des zweiten Strophenteiles.
Im ersten Vers spielen die Schreitdosen (klick, klack),
im zweiten Vers die Ratschen (kritz, kratz),
im dritten Vers die Topfdeckel(kling, klang),
im vierten Vers die Rasseln (schmitz, schmatz)
und bei der Wiederholung des ersten Verses wieder die Schreitdosen (klick, klack).

7.2. Bummelzüge unterwegs

● Der Gruppenraum wird zum Bahnhof. Alle Kinder spielen Lokomotive. Wie bewegt sich eine Lokomotive, und welche Geräusche macht sie (typische Armhaltungen, Zisch-Laute, Pfeiflaute, Bremsen, „tuuut" – bedeutet „Vorsicht")?
Nach dieser Experimentier- und Probierphase wird das Spiel erweitert: Wenn die Lokomotiven sich auf dem Bahnhof auskennen und sicheres Fahren geübt haben, bekommen sie einen Anhänger (jeweils ein Kind ist Lokomotive, ein anderes Anhänger; anschließend werden die Rollen getauscht)

● Daraus kann sich folgende *Spielidee* entwickeln:
Ein Kind spielt den Schaffner.
Es ruft: –„Einsteigen, Einsteigen,
alle Kinder einsteigen.
Heute fahren wir Eisenbahn,
häng dich hinten dran'."

Auf ein akustisches Signal fährt der Zug los.

- Zuerst ist der Zug ein *Bummelzug* und fährt ganz langsam.
- Der Zug fährt durch einen *Tunnel,* alle müssen sich ganz klein machen.
- Der Zug ist ein *Schnellzug.*
- Der Zug fährt in eine *Kurve.*
- Der Zug fährt einen steilen *Berg* hoch und fängt an zu schnaufen.

Der Bummelzug hält an verschiedenen *Bahnhöfen.*
Ein Stationsvorsteher ruft aus:

„Hüpfenhausen – Hauptbahnhof
Sie haben 5 Minuten Aufenthalt, dann fährt der Zug weiter"

Abb. 28

Die Fahrgäste steigen aus. In „Hüpfenhausen" kann man sich nur hüpfend bewegen.
Der Zug hält auch an anderen Bahnhöfen, in

- Trampelhausen
- Schleichhausen (Abb. 28)
- Krabbelhausen
- Zweihausen (jeweils zwei Kinder kommen zusammen)
- Klatschhausen

usw.

- *Schrankenspiel*

Die Kinder stehen in einem großen Kreis (große Lücken lassen). Ein Kind ist Bummelzug und fährt im Innenkreis herum. Die Kinder stellen mit ihren Armen Schranken dar, die sich öffnen und schließen. Wo der Zug sich nähert, gehen die Schranken zu, ist er vorbei, gehen die Schranken wieder auf (das Öffnen und Schließen der Schranken kann auch mit einem Geräusch begleitet werden).

► **Schallplatten zum Thema Zug:**
„Die Dampflokomotive", in: Hoy Hoy 3
„Die Eisenbahn", in: Kunterbunt. Wir spielen

Eisenbahnlied:

* Von Trommelburg nach Glockenstadt

Text und Melodie: Ludwig Voges

2. Die Eisenbahn hat keine Zeit, sie muß nach Glockenstadt.
Sie schiebt die Kuh einfach zur Seite, weiter geht die Fahrt.
Ein andres Mal liegt auf den Schienen ein ganz dicker Ast.
Der Sturm hat ihn dahingefegt, der Zug kommt angerast.

3. Die Eisenbahn hat keine Zeit, sie muß nach Glockenstadt.
Sie schiebt den Ast einfach zur Seite, weiter geht die Fahrt.
Auf dem Geleis da steht ein Bus, im Tank ist kein Benzin.
Der Fahrer hat nicht aufgepaßt, wo soll der Zug jetzt hin?

4. Die Eisenbahn hat keine Zeit, sie muß nach Glockenstadt.
Sie schiebt den Bus einfach zur Seite, weiter geht die Fahrt.

Nach der Vorstellung des Liedes bespricht die Erzieherin mit den Kindern, wie das Lied in ein Spiel umgesetzt werden kann:

Ein Kind ist – die Kuh
– der Ast
– der Bus, der den Weg des Zuges auf den Schienen behindert

Die Hindernisse werden jeweils „aufgeladen", d.h. ans Ende des Zuges angehängt.

► **Weitere Spielanregungen zum Thema „Zug":**
„Der Schaffner hebt den Stab, jetzt fährt der Schnellzug ab"
in: Große-Jäger, (1989)
„Wir fahren wie die Eisenbahn", in: Maruhn (1986)

Schallplatten:
„Die Dampflokomotive", in: Hoy Hoy 3
„Die Eisenbahn", in: Kunterbunt: Wir spielen

7.3. Mein Auto fährt mit mir spazieren

Die Kinder spielen unterschiedliche Autos (schnelle Sportwagen, Feuerwehr usw.).
Das Tempo ist zunächst freigestellt: dazu können Geräusche gefunden werden.
Die Erzieherin nimmt auf der Handtrommel das Tempo eines langsam fahrenden Autos auf und zeigt damit allen Autos, wie schnell sie fahren sollen.

In einer Ruhepause – alle Autos parken und lassen ihren Motor ausruhen – erzählt die Erzieherin die *Geschichte vom alten Auto:*

„Ich hatte mich schon lange auf meinen Urlaub gefreut. Am Abend vor der Abfahrt hatte ich die Koffer gepackt und ins Auto gestellt, denn ich wollte am nächsten Morgen früh losfahren. Nach dem Frühstück stieg ich in mein Auto, und los ging die Fahrt. Aber weit kam ich nicht. Der Motor stockte, die Kühlerhaube sprang auf, und es dampfte und qualmte ganz fürchterlich. Der Abschleppwagen mußte kommen. Mein schönes, altes Auto wurde in die Werkstatt geschafft. Zwei Tage dauerte es, bis alles einigermaßen in Ordnung war.
Als ich in die Werkstatt kam, sagte der Mechaniker, daß das

Auto sehr klapprig sei und daß jeden Moment etwas anderes kaputt gehen könnte. „Es ist bestimmt besser, Sie fahren mit der Bahn.“ Aber davon wollte ich überhaupt nichts wissen. Ich setzte mich in mein Auto und fuhr los. Plötzlich, ich war erst ein kurzes Stück gefahren, hörte ich ein Zischen. Ich bremste, stieg aus und sah zu meinem Schreck, daß alle Reifen platt waren.
Der Mechaniker hatte von weitem alles mit angesehen und schleppte mein Auto zurück in die Werkstatt. Am nächsten Tag waren alle Löcher in den Reifen geflickt. Ich holte mein Auto ab, bezahlte die Rechnung und wollte gerade losfahren, als ich hörte, wie der Mechaniker sagte: „Ich bin gespannt, wie lange diese alte Karre noch hält!“ Mein schönes, altes Auto soll eine alte Karre sein? Das fand ich unmöglich. Wütend warf ich die Wagentür zu und fuhr los.
Ruckend und stotternd rollte mein Auto langsam die Straßen entlang. Endlich – es war schon spät – kam ich in meinem Urlaubsort an. Müde und zufrieden stieg ich aus und warf die Wagentür zu – ein bißchen zu fest – denn laut polternd fiel sie heraus. Jetzt war das Auto endgültig entzwei, und am nächsten Tag mußte es zum Schrottplatz abtransportiert werden.“

Einzelne Ereignisse aus der Geschichte können von den Kindern gespielt werden. Gemeinsam wird überlegt, wie man einen qualmenden Motor, Reifen, aus denen langsam die Luft heraus zischt, und eine abfallende Tür nachmachen kann.

- *Beispiele für Spielideen*

der Motor qualmt – Die Kinder stellen mit den Armen Rauch dar.
die Luft entweicht aus den Reifen – Einatmen und während des Ausatmens leise zischend und sich zu Boden sinken lassen.
die Tür fällt ab – Die Kinder lassen sich auf den Boden plumpsen.
Der Mechaniker (die Erzieherin) repariert die Autos, dreht die Schrauben fest, „ölt“ den Motor usw. (evtl. mit entsprechenden Geräuschen verbinden).
Er flickt die Autoreifen und pumpt sie auf: Die Kinder kauern am Boden, der Mechaniker klebt „Flicken“ auf die Reifen (Arme und Beine der Kinder), pumpt sie (mit den Füßen einen Blasebalg betätigen) laut zischend auf.

✻ Mein Auto fährt mit mir spazieren

Text und Melodie: Ludwig Voges

2. Mein Auto fährt ...
   Die Luft ist raus, ihr könnt es sehn. Wer kann es reparieren?

3. Mein Auto fährt ...
   Die Tür fällt ab, ihr könnt es sehn. Wer kann es reparieren?

• Umsetzen des Liedes in Bewegung
(einfaches Dreiklanglied)

Auf der Handtrommel wird das Metrum des Autospiels wieder aufgenommen. Nach acht Takten beginnt das Lied. Am Ende des ersten Teiles (bei dem Wort „stehn") hört die Handtrommel auf, und der Beckenschlag ertönt. Die Kinder bleiben stehen und stellen den Text dar. Am Ende der ersten und zweiten Strophe kommt der Mechaniker (Erzieherin) und repariert die Autos.
Nach dem dritten Vers wird das Auto zum Schrottplatz gebracht. Die Kinder können z.B. vorsichtig abgeschleppt oder transportiert werden (evtl. mit Helfer).
Auf dem Schrottplatz werden alle „Autos" dicht zusammengelegt. Durch einen Beckenschlag werden die Autos wieder in Kinder verwandelt. Vorsichtig stehen die Kinder auf.

► *Weitere Spielideen zum Thema „Auto":*
„Tankstelle" und *„Vaters Autoputz"*, in: Gass-Tutt 1989, S. 50ff.

8 Anhang

8.1. Literaturhinweise

Arbeitsgruppe Vorschulerziehung: Zur pädagogischen Arbeit im Kindergarten. München: Juventa 1973

Berzheim, Nora/ Meier, Ursula: Aus der Praxis der elementaren Musik- und Bewegungserziehung. Donauwörth: Auer 1982

Clausmeyer, Ingrid: Gebundene Tanzformen – Internationale Kindertänze. In: Zimmer, R. (Hrsg.): Spielformen des Tanzens. Dortmund: Modernes Lernen 1988

Colberg-Schrader, H./Krug, M.: Arbeitsfeld Kindergarten. München: Juventa 1986[5]

Cratzius, Barbara: Frühling im Kindergarten. Freiburg: Herder 1991[7]

Dies.: Herbst im Kindergarten. Freiburg: Herder 1991[5]

Edelkötter, Ludger: Singspiel: Die kleine Raupe Nimmersatt von Eric Carle. (Liederspielheft) Drensteinfurt: Impulse Musikverlag 1990

Edelkötter, L./Krenzer, R.: Mit Kindern unsere Umwelt schützen. Drensteinfurt: Impulse Musikverlag 1986

Fink-Klein, W./Peter-Führe, S./Reichmann, I.: Rhythmik im Kindergarten. Freiburg: Herder 1990[4]

Gass-Tutt, Anneliese: Fröhliches Tanzen im Kindergarten. Freiburg: Herder 1991[2]

Grosse-Jäger, Hermann: Freude an Musik gewinnen. Freiburg: Herder 1990[6]

Hahmann, H./Zimmer, R.: Bewegungserziehung im Kindergarten. Vorschule, Elternhaus und Verein. Bonn: Dümmler 1987[2]

Haselbach, B.: Tanzerziehung. Grundlagen und Modelle für Kindergarten, Vor- und Grundschule. Stuttgart: Klett 1975

Haselbach, B./Nykrin, R./Regner, H. (Hrg.): Die Tripptrappmaus. Mainz: Schott 1984

Hoenisch, N./Niggemeyer, E.: Heute streicheln wir den Baum. Ravensburg: Maier 1981

Huyer-May, Winfried: Kunterbunte Kinderlieder. Burglauer 1984

Kater, Elke: Hilf mir, daß ich lernen kann. In: Welt des Kindes 65 (1987) 1,62–69

Keller, Wilhelm: Ludi musici. Spielliederbuch für Kindergarten und Grundschule. Boppard: Fidua 1970

Kleinke, Christiane: Sprechreime und Singspiele. In: Zimmer, R. (Hrsg.): Spielformen des Tanzes. Dortmund: Modernes Lernen 1988

Kreusch-Jakob, Dorothee: Mein Instrument mach ich mir selber. Ravensburg: Maier 1987

Lemmermann, Heinz: Servus Tante Annegret. Tongemenge, Lieder, Songs und Sprechgesänge. Boppard: Fidula o.J.

Lorenz, Thilde: Rummelbummel. Neue Spiellieder für Kinder von 4–8 Jahren. Boppard: Fidula 1974

Maruhn, Heinz: Wie fang'ich's an. Methodische Handreichungen der Tanzvermittlung. Boppard: Fidula 1986

Merz, Christiane: Was Kinder bewegt. – Geschichten vom Zusammenleben in vier Bänden. Freiburg: Herder 1989[4]

Schaffner, Karin: Bewegen, Spielen und Tanzen für Kinder von drei bis acht Jahren. Celle: Pohl 1989

Schulz, H./Pfeiffer, L./Kalb, G.: Turnen und Spielen mit Musik für Kinder im Elementar- und Primarbereich. Celle 1978

Voges, Ludwig: Der kleine freche Affe. Düsseldorf: Kujath und Nagatz 1987

Zimmer, Renate: Motorik und Persönlichkeitsentwicklung bei Kindern im Vorschulalter. Schorndorf: Hofmann 1981

Dies. (Hrsg.): Spielformen des Tanzens. Vom Kindertanz bis zum Rock'n Roll. Dortmund: Modernes Lernen 1988a

Dies.: Spiel und Sport im Kindergarten. Stuttgart: Klett 1988b[3]

Dies.: Kreative Bewegungsspiele. Psychomotorische Förderung im Kindergarten. Freiburg: Herder 1990[2]

8.2. Verzeichnis der in diesem Buch angegebenen Schallplatten und Musikkassetten

Aprite le porte
In: Pfeifer Tim und andere Tanzlieder für Kinder. Fidula-Verlag

Bitte gib' mir doch ein Zuckerstückchen
In: Tanzlieder für Kinder. Fidula-Verlag

Der Zauberer von Akurairi
In: Rolf Krenzer/Ludger Edelkötter: Hast Du etwas Zeit für mich? Impulse Musikverlag

Die alte Moorhexe
In: Margarete und Wolfgang Jehn. Eres Musikverlag

Die Dampflokomotive
In: Hoy Hoy 3. Hakketoon

Die Eisenbahn
In: Kunterbunt: Wir spielen. Fidula-Verlag

Die fünf Hühnerchen
In: Kinder- und Jugendtänze 2. Kallmeyer'sche Verlagsbuchhandlung

Die kleine Raupe Nimmersatt – Singspiel
Ludger Edelkötter. Impulse Musikverlag

Durch die Tore
In: Kinder- und Jugendtänze 2. Kallmeyer'sche Verlagsbuchhandlung

Eine kleine Raupe
In: Rolf Krenzer: Hast Du etwas Zeit für mich. Impulse-Musikverlag

Europa-Express
In: Marius Korpel: Tanzmarkt. Kallmeyer'sche Verlagsbuchhandlung

Hasensprung
In: Tanzkarussell. Fidula-Verlag

Hexentanz
In: Rolf Krenzer /Ludger Edelkötter: Du, ich geh einfach auf Dich zu. Impulse-Musikverlag

Hi, hu, ha, neunzig mal neunzig Gespenster sind da
In: W. Huyer-May: Kunterbunte Gespensterlieder. WHM Musikverlag

Herr Uklatsch
In: Peter Janssen/H. J. Netz: He, Du, mich drückt der Schuh. Peter Janssens Musikverlag

Ich bin die kleine Maus
in: Rolf Krenzer/Ludger Edelkötter: Ich gebe Dir die Hände. Impulse-Musikverlag

Im Kuckucksland
In: Thilde Lorenz: Rummelbummel. Fidula-Verlag

Kaninchenpolka
In: Kinder- und Jugendtänze 2. Kallmeyer'sche Verlagsbuchhandlung

Katzentatzentanz
In: Frederik Vahle: Anne Kaffeekanne. Pläne Verlag/Verlag Aktive Musik

Ku-Tschi-Tschi
In: Tanzkarussell. Fidula-Verlag

Mein nagelneuer Roboter
In: D. Jöcker/L. Kleikamp: Und weiter geht's im Sauseschritt. Menschenkinder Musikverlag

Nachtgespenster-Schlaflied
In: W. Huyer-May: Kunterbunte Gespensterlieder. WHM Musikverlag

Rolfs Vogelhochzeit
Rolf Zuckowski. Fontana (Phonogram)

Schrippel-Schrappel-Huckebein
In: L. und D. Jöcker/L. Kleikamp: 1, 2, 3 im Sauseschritt. Menschenkinder Musikverlag

Toemba
In: Hoy Hoy 1. Hakketoon

Werft 'nen Heller
In: Tanzlieder für Kinder. Fidula-Verlag

Wir bauen einen Schneemann
In: D. Jöcker/L. Kleikamp: Und weiter geht's im Sauseschritt. Menschenkinder Musikverlag

Wohlgeheuer Wendelin
In: Anneliese Gass-Tutt: Fröhliches Tanzen im Kindergarten (Buch mit MC). Verlag Herder